曾胡治兵语录

（黄埔军校版）

蔡锷 辑录

肖玉叶 译注

漓江出版社

图书在版编目（CIP）数据

曾胡治兵语录（黄埔军校版）/ 蔡锷辑录；肖玉叶译注．
—桂林：漓江出版社，2014.4（2026.1 重印）
ISBN 978-7-5407-6869-0

Ⅰ．①曾… Ⅱ．①蔡…②肖… Ⅲ．①曾国藩（1811~1872）—语录
②胡林翼（1811~1861）—语录 Ⅳ．① Z425.2 ② E892.52

中国版本图书馆 CIP 数据核字 (2013) 第 291271 号

ZENG-HU ZHIBING YULU
曾胡治兵语录（黄埔军校版）
蔡　锷　辑录
肖玉叶　译注

出版人：梁志
责任编辑：胡子博
责任监印：张璐

漓江出版社有限公司出版发行
广西桂林市南环路 22 号　邮编：541002
发行电话：010-65699511　0773-2583322
传真：010-85891290　0773-2582200
邮购热线：0773-2582200
电子信箱：ljcbs@163.com
微信公众号：lijiangpress
印刷：北京中科印刷有限公司
［北京市通州区工业区 1 号楼 101 号　邮政编码：101118］
开本：880 mm × 1230 mm　1/32
印张：6　字数：136 千字　插页：4
2014 年 4 月第 1 版　2026 年 1 月第 10 次印刷
书号：ISBN 978-7-5407-6869-0
定价：30.00 元

曾国藩像

曾国藩(1811—1872),清代军事家、理学家、政治家、散文家,湘军统帅,曾率军镇压太平天国运动。他是晚清四大“中兴名臣”之一。

胡林翼像

胡林翼(1812—1861),字贶生,号润之(又作润芝),晚清四大“中兴名臣”之一,与曾国藩并称“曾胡”。

蔡锷将军像

蔡锷(1882—1916),原名艮寅,字松坡,近代杰出政治家、军事家。湖南宝庆(即今邵阳市)人。1915年末,袁世凯准备复辟帝制,蔡锷决心“为四万万同胞争人格”,冒着巨大危险逃出北京,辗转回到云南,发动了护国起义,以寡敌众同北洋军鏖战三个月,打碎了袁世凯的皇帝梦。

扶义翊国(肖玉叶 摄)

长沙岳麓山蔡锷墓的围栏石刻文字,表达了国人对蔡锷将军的无限敬仰。

出版说明

1840年鸦片战争爆发后的近代中国，面临着“三千年未有之大变局”，内忧外患。

曾国藩、胡林翼二人是中国近代史上的著名人物，政治立场上属于腐朽没落的封建地主阶级利益的代表者和维护者，二人皆因镇压太平天国运动，被称为晚清“中兴名臣”。

太平军由胜转败，曾国藩、胡林翼等人训练、领导的湘军由败转胜，从军事上看，颇多可资后人分析、总结、借鉴之处。

1911年，蔡锷将军在云南为训练新军，将曾国藩、胡林翼二人有关治兵的言论“分类凑辑，附以按语”，希望后人能“细加演绎，身体力行”，驱逐列强，救国图存。

1917年，梁启超为《曾胡治兵语录》的出版作序推荐，其目的也是为了使吾国吾民“解除日后之千灾百难，超苦海而入坦途”。

1924年，蒋介石在原书基础上，除对各章内容略作增补外，还增补了《治心》一章，并把增补版的《曾胡治兵语录》作为黄埔军校教材。

1943年，八路军军政杂志社曾出版《增补曾胡治兵语录白话句解》；1945年，八路军山东军区司令部曾翻印。

1990年后，国内多家出版社曾出版增补本《曾胡治兵语录》。

本书除了收录黄埔军校版增补本《曾胡治兵语录》的原文，

还将之译成现代汉语，并集中放在全书前半部分，方便读者对照阅读。本书还收录了“注释”、“雅趣链接”以及对曾国藩、胡林翼、蔡锷三人的生平介绍文字。

漓江出版社编辑部

2013 年 10 月

目　录

第一部分　曾胡治兵语录(今译)

第二部分　曾胡治兵语录(原文)

第三部分　附文

第一部分　曾胡治兵语录(今译)

原　序

蔡　锷

旧历辛亥年春，我蒙受安徽合肥李公经羲[①]邀请，到其军中任职。当时，中英在云南保山县片马地区正闹领土争端[②]，而帝国列强瓜分中国的谣言四起，国内风声鹤唳，时有骚动。

我辈一介武夫，只有厉兵秣马，随时沙场裹尸，以死报国，哪有心思和空闲舞文弄墨，自我沉溺以致颓丧？在此之前，云南新军第十九镇统制钟公麟同[③]曾嘱我编写一个有关军训时的精神讲话册子，我不能不应命。

我认为，论今不如述古，但是古人古事太渺茫，其情其事不一定适合当今实际。曾、胡二公为清代中兴名臣中的佼佼者，其人其事离现在才半个世纪之久，他们所传留的风范仍在，口碑犹存，是我们敬仰、效法的好榜样。他们的很多言论，洞中要害，深

---

① 李公经曦：李经曦，李鸿章的侄儿子，宣统元年任云贵总督，蔡锷就是经人向他推荐，才到云南任滇军第十九镇第三十七协协统的。后来，就是这个协统断送了袁家的帝制梦想。

② 片马：片马地区位于高黎贡山西坡茶山河一带。清光绪二十六年，侵缅的英军想占领片马要塞，被世袭守备左孝臣率各族群众和练兵驱除。清宣统二年，英军再次侵入片马设军政机构，边境军民再度反击，捣毁了英国佬设的所谓界桩。1960 年春，周恩来总理亲自和缅甸总理谈判，让片马真正回到了祖国母亲的怀抱。

③ 钟公麟同：钟麟同，滇军第十九镇统制，是清廷一只很厉害的鹰犬，在昆明“重九”起义中被义军击毙。

切时弊，发人深醒。我就把曾、胡二公有关治兵的言论，分门别类，凑为一辑，其后附加按语，来代替军训精神讲话。

我军中各位将校同志，如果能够仔细体会这些言论，身体力行，那么曾、胡二公的懿行嘉言，都可以成为我等学习的师范和资本。果真如此，丰功伟绩难道还会让这些先辈圣贤独占风光吗？

宣统三年季夏　邵阳蔡锷记于云南昆明

蔡锷将军戎装像

重版序

梁启超

松坡死于国事一年后，国人将他生前辑录的《曾胡治兵语录》印行于世。世人都知道松坡的伟大功业，读了这本书，就可以了解到他建功立业的根源了。

自古以来，那些圣明贤达、才华出众的人，当初未曾有功名显于当世。只是他们累积于心而形之于外的精神，感染着世人，以为这就是功业。世易时移，或许功业已被磨灭，但他们的精神却长存不衰，留传后世，与时势结合，这种精神又创造出新的功业。

松坡认为，曾、胡二公的事业是为良心血性二者所驱动产生的。那么，松坡的功业也是如此。

曾、胡二公毕生致力于存诚去伪，松坡在这方面阐述发挥更是不遗余力。“精诚所至，金石为开”，曾、胡二公经常讲这个道理，松坡也屡屡阐述其要义。曾、胡二公的言论，不仅在思想上启迪着松坡，而且促使他出生入死，将个人危难置之度外，赤诚救世，力挽天下颓废虚伪之势。可以这么说，松坡的功业也是曾、胡二公的功业。

松坡曾说，自己身负军职，如果不立宏愿，不以救国救民为目的，不视死如归，就不足以把国家民族引上光明之路。

现在，松坡身有所归，但救国救民夙愿未了。他率领护国军奋起讨贼救国，仅以累累白骨换来民国复生。正像人大病初愈一样，国家元气已伤，正需休养、扶持，尚有赖于立志为国建功立业者大显身手。

未来之事难以料见，只有凭借这种赤诚精神永存国民心中，振作奋发，才可使曾、胡二公思想重现，让松坡浩气重生，才能排解国难，救民于苦海。这里收集的十多章曾、胡语录，揭示了我国民精神的要义，确能昭示来者。

民国六年四月　新会梁启超[①]序

梁启超先生像

① 梁启超(1873—1929)：字卓如，号任公，别号饮冰子、哀时客、饮冰室主人等，广东新会人，堪称中国近代著名的官僚文阀。他十七岁就中举，跟着老师康有为参与“公车上书”、维新变法，“康梁”并称，风流一时。曾经做过袁世凯的司法总长、段祺瑞内阁的财政总长，后在清华、南开专心任教，潜心著述。梁在忧国忧民、勤奋著书、匡国济时的同时，把自己学识和感悟润泽儿孙，言传身教，九个儿女没有一个差角色，梁思成、梁思永、梁思礼还都当了院士。一家出三个院士，中国只此梁家，世界上也少见。

第一章 将 材

曾、胡治兵首重选将，但最为注重的是道德品质，强调为将要“有良心，有血性”。

1.[①]带兵的人，第一要有治民的才干，第二要不怕死，第三不能急于私欲和功利，第四要耐得住辛苦。治兵的才干，不外乎公道、严明、勤政。如果处事不公道，军纪不严明，那么士兵就不会心悦诚服；如果不勤于军务，那么军营大小事务就会松懈、荒废，得不到治理。所以，带兵最重要的就是要做到这一条。所谓不怕死，就是临阵时要一马当先，士兵才为你效命。这一条次要一点。为了名利出来带兵打仗，保举为官稍微迟缓就会埋怨，事情稍不如意也怨这怨那，甚至与同级官员争薪金，与部下锱铢必较。这一条又要次要一点。身体虚弱的人，稍微劳累就一病不起；精神倦怠的人，操劳一段时间就意志涣散，这样耐不住辛苦的人，又要次之。这四个条件似乎过于求全责备，但如果四者缺一，就万万不可以带兵。所以，我认为带兵的人，必须是智勇双全，能文能武，非同一般的人才。几个月来，我连做梦都祈求能够找到这样的人才，甚至焚香祷告恳求上天赐给我这样的人，没有一刻能忘怀。大凡那些有忠义血性的人，这四个条件也就自然具备了。如果没有忠义血性，哪怕表面上好像具备了四个条件，最终还是不能依靠他去带兵打仗。

---

① 文中序号为编者所加，下同。

2. 带兵之道，主要是勤于军务，体恤士兵，清正廉洁，军纪严明，四者缺一不可。

（以上曾国藩语）

3. 求将之道，必须要有良心，有血性，有勇气，有智谋。

4. 天下军队的强大，主要取决于将领。优秀的将领，军纪严明，行事果断，凡事一腔浩然正气，心中一片赤诚。其次，就是那些刚正不虚伪，忠厚不奸诈，喜好逞勇而又知晓大义的将领。选任将领最重要的是，不可让那些妄自尊大、虚妄飘浮的人误了战事，不能让他们巧言矫饰取得信任。这样的人，没有一点真心实意，在成败利钝面前顾忌太多，凡事过于趋利避害，必然只会败坏公事。

5. 将材难找，特别是优秀的将帅，不是匆匆忙忙就能够找得到的。但只要是朴实勇敢的人，与他讲解、申明大义，又不被虚伪骄矜的外表所蒙蔽，不为夸张不实的言语所中伤，这样的人平时战时都可赖其所用。

6. 招募士兵容易，但选拔将领就难了。选拔勇敢的将领容易，但要找一个廉正的将领就难了。因为奋勇当先，能身先士卒，是将领的本分。但是，为将廉洁正直，就不会克扣粮饷，就不会赏罚不公，才能团结将士，同心同德，永立不败之地。

7. 做将领的人，主要得有顽强的斗志，还必须有大无畏的气概。只看重那些唯唯诺诺、谨小慎微的人，久而久之，自己都会懈怠起来；只去寻求那些强悍、勇猛的人，久而久之，自己都会变得骄横。带兵打仗毕竟是英雄豪杰的事，气不盛的人，遇事先就泄了斗志，双眼不敢正视，思想发生动摇。他们平时遵命行事，谨言慎行，一旦大事临头，心中就没了主见，既反应迟钝，又无胆量可言，当然是最令人担忧的事啊。

（以上胡林翼语）

8. 自古以来的名将，能够得到士兵衷心拥戴，功夫大都下在钱财笼络之外。后世的将领，专门把粮饷作为工具，以厚饷重赏来笼络士兵，这样的军心基础是脆弱的。钱多的时候，士兵奋勇当先，归附麾下；无利可图时，就门前冷落，士兵作鸟兽散。

9. 军队里必须要有好统领、好营官。统领和营官必须有真情意，有好心肠，这是治兵的第一要义。他们必须能够计算行军路程的远近，能够计划粮草的多寡，能够算计敌我力量的强弱，这是第二要义。对这两点没有把握，即使还有其他更多的应战兵法，还有其他更好的军事调度，有时成功有时失败，也不过是尽己之能以听天命罢了。

10. 璞山心里的想法，很久就不乐意在我手下做事了。我早就看出他太自以为是，这种人似乎只适宜去清剿小股土匪，并不适宜统兵与强大的敌军作战。

11. 挑选将材，必须寻求深谋远虑的人，还必须要号令严明，能吃苦耐劳。如果这三者都具备了，就是最好的人选。

（以上曾国藩语）

12. 忠武公李续宾统兵上万，号令严肃，秋毫无犯。湖南、湖北、安徽、江西、浙江等省官民，没有不想倚重他们安定一方。他临阵能神闲气定，肃穆安然，阵脚厚重，兵营强固。凡是遇到为他人所畏怯的难事，他往往毅然领命，引为己任。他驻扎军队的地方，兵营从无喧哗，从不滋扰地方，百姓安居乐业，欢欣高兴。这并不是李公续宾靠法令管制着军队，实际上，是他能够明察军情的真伪。他能够以一腔至真诚意，以冠绝三军的智勇，经常挽救将士于危难之际。他处事待人平和正直，从不自高自大。

李续宾画像(吴友如 作)

13. 将军乌兰泰,待士兵很好。如果士兵无伞具遮雨,他绝不张伞。他为人清廉,身上没有一分余钱,所得军饷全都用来犒赏士兵了。

14. 用兵打仗的事,不外乎“奇正”二字,而为将之道则不外乎“智勇”二字。两军对垒,如果只知道正面进攻,不能巧用奇兵,遇险就会失败;如果单想出奇制胜,却没有兵力的正面支援,奇袭就会受阻。一个将领,尽管他智谋很多,如果没有勇气,很难说他是个有实力的人。如果十分勇敢,却无谋略,大事也难以成功。所以,兵事最主要的还是用人。用人得当,军队就昌盛;用人不当,军队就衰落。比如一支五百人的队伍,如果没有一个有谋略的人,没有一个英明的人,肯定不能锻炼成强大的军队。比如一支一千人的队伍,没有六七个有谋略的英明人才,也不能成为强大的军队。

15. 统兵的将领能够沉着、勇敢，这还不算本事，此外还必须见识广大能够通晓兵事，胸怀宽广能够服众，这样才能胜任职务。总之，必须智勇双全。有谋却不勇猛，那么再好的想法也不能实行。有勇却无谋略，那么只会是兵弱打败仗，兵强也照样打败仗。不明白用兵的方略，不知道战阵的布置，不能审时度势，不能抓住战机，就是有千军万马也终归失败。

16. 贪图功利的人，绝不是大将之材。

17. 作为小将，必须争胜立功。作为大将，则不能贪小功而误了整个战局。

（以上胡林翼语）

18. 打仗得不慌不忙，先求稳重妥当，再求战术变化；办事要无声无息，既要精细周到，又要简单快速。

19. 勤俭可以养廉，正直能够忍耐。

20. 治理政务的道理，必须用人和治事二者并重。所谓用人，不外乎这么四个方面：广罗人才，谨慎使用，勤加教导，严于管束。所谓治事也要注意四个方面：分工必须明确，配合必须协调，凡事必须深思，规章必须遵守。

（以上曾国藩语，系蒋介石增补）

古人论将有五德，即智、信、仁、勇、严。概括十分精确，期望也很高。西方人论将，动不动就是“天才”的论调，从言语上分析是上天特别赋予他们勇敢和智谋的。但是，曾、胡二公所共同提倡的是，为将的人必须有良心与血性，这是前提。这可以说是抓到了要点，说到了本质。这也是曾、胡二公的现身说法。因为他们处于咸丰、同治年间，当时太平天国的军队踏遍东南十余省，东南的半壁江山差不多沦陷殆尽。曾、胡二公本是一介书生，出身翰林，一个是清朝官吏，一个是清官幕僚，对于统兵打仗这样的事，连做梦都未曾想过。他们以前所从事的职务，所办理的事务，完全与行军打仗一点关系也没有，他们只是凭着良心血性驱使，把他们治兵的才干发挥到了极致，以至于武功赫赫，德行随之泽被全国。就曾、胡二公的功勋、道德而言，足已与古今名将相比，不相上下，且毫不逊色。二公能得到这样的功名，难道不是精诚所至，金石为开吗？假如曾、胡二公的良心血性与常人并无两样，他们顶多能成为一名显赫的官员就不错了。要不然，也就成为一个当时小有声誉的著书家，随风而逝，身去名亡而已。怎么能够崛起于行伍之间，平定大难，创建旷世未有的丰功伟绩呢？

（以上松坡评语）

蔡锷将军塑像（肖玉叶 摄）

【雅趣链接】

中国古代历史上的儒将

先轸：春秋晋军主帅。据说他好学不倦，熟读《诗经》。最引为自豪的是城濮一战，首创我国战争史上以少胜多的著名战例，一举奠定晋文公的中原霸主地位。

孙武：春秋吴国将军，世界级的军事鼻祖人物，其《孙子兵法》为古今兵家圭臬。他最拿手的是理论和实践的结合，曾经五战五胜，直取郢都，让后人难以望其项背。

吴起：战国楚将，与孙子齐名。曾受教于孔子高徒子夏门下，因品德问题被驱出师门，反而成就了一位军事名家，著有《吴子兵法》传世。

田穰苴：战国齐将，其军事著作《司马法》很是有名。

陈汤：西汉戍边名将，“少好学，善文”。在给汉帝奏章中一句“明犯强汉者，虽远必诛”的名言，尽显大汉威仪和名将豪气。曾一战摧毁北匈奴主力，击斩郅支单于，传首九边，从此使大汉威名远扬域外。

周瑜：三国吴将，能征善战，且妙通音律。此君搂着美人，抚着古琴，“谈笑间，樯橹灰飞烟灭”，儒雅派头十足。

陆逊：三国吴将。虽是白面书生，然战场纵横捭阖不差毫分，其火烧连营七百里的夷陵之战，让人一想即觉汗颜。

杜预：西晋将军，杜甫先祖，曾为《左氏春秋》作传，指挥了统一三国的最后一战——灭吴之战。

李靖：唐开国名将，有军事著作《李卫公问对》。他指挥灭东突厥一战，让人以为打胜仗不是很复杂很艰难的事情。

范仲淹：北宋名臣名将，在指挥对西夏作战中战绩辉煌。文采斐然，《岳阳楼记》一文名满天下。

岳飞：著名民族英雄，南宋主战派重要人物，在堰城等战中力挫金军。有《满江红》、《小重山》等词作流传千古。

虞允文：南宋朝廷中以一介文臣敢赴国难的代表人物。采石矶一战力挽狂澜，重创金主完颜亮。

辛弃疾：南宋武将，有军事著作《美芹十论》。为词坛一代大师，惜生不逢时，徒发“唤取红巾翠袖，揾英雄泪”的慨叹。

王阳明：明代名臣，著名理学大师，可供圈点的战绩是平定宁王之乱。

曾国藩：晚清中兴名臣，著名理学家，能诗善文，曾统帅湘军镇压太平天国运动。

胡林翼：湘军名将，湘军攻打太平军的大胜仗基本都是他筹划指挥的。

左宗棠：晚清中兴名臣，因参与镇压太平军有功而崛起。晚年以老迈体弱之躯，抬棺入疆平定阿古柏叛乱，收复新疆。梁启超称他是“五百年来，对国土贡献最大的人物”。

蔡锷：有《军国民篇》、《曾胡治兵语录》等著作，著名战例当为率三千护国兵为四万万国民争人格，吓“倒”袁世凯。可以说，他是中国第一位知晓中西方战术的儒将。

第二章　用　人

曾、胡主张“姑用乡气之人”，这与曾、胡募兵选将喜欢挑选朴勇农民的实际做法完全一致。

---

1. 当前最需要强调的，就是用人这件大事。人才，既有转化的办法，也有培养的方法，还有考察的方法。

2. 人才是锻炼出来的，不能够眼光太高，动不动就说没有可用之人。

3. 我私下怀疑古人论将的那套言论，说得神乎其神，不着边际。一名良将差不多要集中一般人的所有优点于一身，做到一样缺点都没有，这恐怕是史书所推崇、追求的标准，并不是当初选拔将领所定的品行。权衡一个将领，最重要的是不拘一格，论事论人不能细细苛求，就好比不能因为一点朽坏就弃环抱之木而不用，也不能使用网眼细密的渔网捕鱼，而使小鱼没有机会长大。以前的圣贤经常这样说，即使是愚蠢蒙昧的人，也能开导激励他奋发有为。

4. 寻求人才的方法，必须像白圭发展生产，像鹰隼攻击食物那样，不达目的不罢休。又要像青蚨生而有母，野雉娶而有媒那样，以类相求，同气相荐，这样就能够求得一个人才引来更多人才。人才大概有两种：一种官气较多，一种乡气较多。官气较多的人，喜欢讲资格，喜欢摆样子，他们办事没有惊世骇俗的举动，说话也没有彼此冲突冒犯的弊端。不足之处是，缺乏朝气，遇事动口不动手，总喜欢依赖身边的人去办，依靠制发文书来办理，不能做到身到、心到、口到、眼到，尤其是不能扑下身子，不辞劳苦，亲自去体察实际情况。乡气多的人，喜欢表现自己的才能，喜欢出新花样，办事光顾及自己，不去了解别人的情况，说话往往前言不搭后语，顾前不顾后。他们不足的地方是，一件事还没办成，各种不同的议论就来了。官气较多与乡气较多两种人的短处一比较，其实都差不多。人非圣贤，孰能无过？人人都难以避免这两样缺点。我想用"劳苦忍辱"四个字来教导人，所以就不喜欢那些官气较多的人，而喜欢任用那些乡气较多的人。也就是说，一定要任用遇事亲身体察，身到、心到、口到、眼到的人。汉代的赵广汉喜欢用刚选拔来的年轻人办事，唐代的刘晏喜欢用能说会算的读书人理财，我愿学习他们的做法。

（以上曾国藩语）

曾国藩画像

5. 一个将领怎么能独自治理军队？还必须有协理的文武官员。即便如此，那些软弱、油滑的人不能用，阿谀奉承、中伤造谣的人不能用，无真才实学、大言不惭的人不能用。

6. 营官选用不好，那么一营的军队都没有用。哨官选用不好，那么一哨的人马没有用。什长选用不好，那么十个士兵也没有用。选任将士如果滥竽充数，有兵等于无兵一样。

7. 哨官与什长的人选，必须是非常勇敢、十分清廉的人。没有足够的勇敢，就难以鼓起大家的士气；不十分清廉，就难以使大家口服心服。

8. 现在有这么一些人，贪图私利，冒领战功。今天争先恐后乞求美差的人，往往就是日后首先溃逃散伙的人。屈指计算一下，选用人才确实不容易。

9. 选才的人有心智有胆识，才能发现人才；选才的人量才而用，人才的能力才能发挥出来。用人如同驭马，得到千里马却不知道，知道是千里马却不能尽其才，那么倒会喜欢劣马的方便、安稳，而让千里马无用武之地。

10. 古人治兵，首先是求将，然后再去选兵。现在的人治兵，是先考虑招兵，并不看重选将。就好比整肃衣服，不提衣领而纲举目张一样，毫无条理，这样只会自取灭亡。

（以上胡林翼语）

11. 兵力匮乏，不值得忧虑；粮饷不够，也不值得痛哭。我举目观察现在这个世界，要找一个见利不争先，赴义恐落后，心忧国事而又忠心耿耿的人，一时难以找到。这才是最令人叹息的啊。

12. 专从危急险难时刻，暗中观察那些朴实厚道的人，就差不多能选拔到合适的人才了。

13. 人才不处在困境里，难以激发潜能；没有远大胸怀，不能深谋远虑，就难以成就功业。

（以上曾国藩语，系蒋介石增补）

14. 不了解人，就不能恰当地用人；不能恰当地用人，就不能说了解人；不开诚布公地待人，就不能使人为你尽心效力；不能褒奖人家的长处，容忍人家的缺点，就不能使人尽力为你办事；不趁年轻的时候启用人家，就不能使人的才华完全发挥；不能让人才的优势和短处都能各得其所，就不能人尽其用。

（以上左宗棠语，系蒋介石增补）

左宗棠像

曾国藩认为人才是锻炼成长起来的，胡林翼也说人才是用人者量才用出来的。可见用人要不拘一格，而教育栽培人才的方法，主要是用人者精心运作，让人人都能够扬长而去短罢了。我认为，人才是会随风气而变化的，那些身居高位的人，应有转化风气的责任（这里说的身居高位的人，所指范围很广，不仅仅是说那么少数几个人，比如官长居目兵的上位，中级官居次级官的上位），因势利导，对症下药，风气虽然败坏，但总有挽回的一天。现在我们国家的社会风气败坏极了，因此影响了军队。所以，军队人才缺乏，再怎么训导也得不到练兵的绩效。颓废风气如浩渺江水顺流直下，不知何时才能止住。只有靠我们这些同心同德的同志，共同关注国运，摄心国事，在波涛激荡中力挽狂澜，使好人越来越好，不好的人也潜移默化变成好人，那么世上人人都可用了。

（以上松坡评语）

【雅趣链接】

曾国藩相人

曾国藩深谙相学，有《面经》传世，认为好人歹人一眼能看出个大概。他挑选湘勇就有个鉴貌辨色的“三字诀”：黄、长、昂。“黄”是面色黄，这是种地人的本色，这样的人忠厚，听话。“长”是手脚要长，这样的人有力量，有耐力，跑起来才快。“昂”是精神旺盛，这样的人组成的队伍斗志昂扬，压不垮，打不败。

第三章　尚　志

胡氏所谓“兵事以人才为根本，人才以志气为根本”，可视为本篇要旨。

---

1. 人才的高下，要看他的志向情趣来定。低下的人才安于平庸，随波逐流，墨守成规，因而越来越卑陋；高尚的人才景仰圣贤，心图大业，因而越来越高明。贤明智愚，由此区分。

2. 兵力不足，不值得过于忧虑；军饷不够，也不值得痛哭。我举目看当今世界，想找一个见利不争先、赴义恐落后的忠心耿耿之人，却一时难以找到。有时找到一个，却又因为长期屈居低位，郁郁不得志，受挫而去，最终抑郁而终。而那些贪婪畏缩的人，却能钻营而腾达，享尽荣华富贵，声名扬天下，而且健康长寿，颐养天年。这真令人为之深深叹息啊。

3. 现在国家百废待兴，江山千疮百孔，一时无法收拾。只有依赖这颗精忠报国的耿耿之心，与民众在骨山血海中奋起，期望能塞绝物欲横流的风气，挽回厌倦战乱的天意，或许还有万分之一的希望。不然，就现在的局势而言，则不知颓势滔滔何时才是尽头啊。

4. 胸怀广大，必须从“平淡”两个字上下功夫。凡为人处世，要有平常之心。凡功名利禄，要能淡然处之。这样，胸怀就日益开阔起来。

5. 做好人，做好官，做名将，都要有好的老师，好的朋友，好的榜样。

6. 只喜欢别人讲好话，厌恶别人批评他，这是小人患得患失的思想。在这一关都不能突破，那么一切学问、才智，充其量也只能用来欺世盗名。

7. 当今天下大乱，人人只想苟且偷生，只要不是自己的事，就没有人去过问。我们应当立下一个准则，不仅自己身体力行，并且邀约志同道合的人共同遵守，不要让我们心中的恶念，突破了思想的堤防。

8. 君子有自己卓然傲世的远大志向，但从不让人轻易地看出来，即使有藐视帝王、退敌三军的气概，也不轻易地显露一点点。

9. 君子如果想要有所建树，一定不要希冀别人知道你的动机。

10. 古人身处患难忧虑之际，正是他的功德、事业大大长进的时候。这一功劳归于胸怀坦荡，它的成效在于身体健康。圣贤之所以成为圣贤，佛家之所以成佛道，关键都在于遭受大磨难、大挫折的时候，把心放得下，养得灵，有达观的胸怀，有坦荡的意境，即使身体外部遭受侵袭，也不至于伤到执著如一的内心。

（以上曾国藩语）

11. 军队中选拔人才，专门崇尚和注重人的朴实勇敢，这种朴实勇敢必须在气概中寻求。只是担心选拔不真切，那么飘浮、世俗之气都夹杂其中，就不是真正的气概了。

12. 人才是经过磨炼而成的，总的来说，必须志气胜过一般，才会有长进。成败原本就难以预料，因而不能仅仅以此判定人才。兵事以人才为根本，人才以志气为根本。军队可以受挫，但气不可受挫；气可以偶尔受挫，但志绝不可受挫。

13. 当今天下大乱，不是因为强敌压境，而在于人心涣散；不担心老百姓难以治理，而是担心官僚们见利忘义却不受惩罚。

14. 我们任人做事，与正直之人同死，那么死也依附于正气之列，这就是正命。所依附的不是正人君子，虽然能够不死，也是千古难洗的污点，更何况天下没有不死的人啊！处世如果没有深远的思考，必然危机四伏。一朝失足，就会与恶人一道遗臭万年，不可幸免地遭受正义的谴责。

（以上胡林翼语）

胡林翼像

15. 士人第一要有志气，第二要有见识，第三要有恒心。有志气才不甘为下流；有见识才知道学无止境，不敢自满；有恒心才没有办不成的事。三个方面，缺一不可。各位老弟，你们这个时候只有见识是不可能很快具备的，但是必须有志气和恒心，兄弟互勉吧。

16. 大凡人心的发动，必须一鼓作气，尽我们的力量去努力，因为心中稍有转念，就会起疑心，私心也会随之而生。

17. 我早已把个人生死置之度外，只求临死之际，心中没有后悔遗憾的事就万幸了。

18. 要舍命报国，就必须静下身心，修养品行。

19. 古人说“金丹可使人脱胎换骨”，我认为立志就是金丹。

（以上曾国藩语，系蒋介石增补）

20. 天下纷乱，我们正当这危难之际。诸葛亮不是说过“成败利钝，不可预料”吗？我们只有竭心尽力，恪尽职守，静待时机而已。

（以上左宗棠语，系蒋介石增补）

诸葛武侯

以上各节，言辞多么沉痛，悲叹人心沦落、志节不振啊。今天，时局的险恶和祸患的剧烈，大概十倍于咸丰、同治时期。我们身为军人，若不立下宏愿，以救国为目的，以为国捐躯为归宿，就不足以救同胞出苦海，使国家转危为安。我们必须把这颗精忠报国的赤诚之心，奉献给尸横遍野的战场，蹈死不顾，才能有济于国。大家果能下定决心，百折不挠，那么即使千灾百难，都会迎刃而解。假如我们这些军人，做将校的以跻身高位、安享厚禄、养尊处优为追求目标，士兵则以获取虚名、求得军饷为志向，那么曾、胡二公必定要痛哭于九泉之下了。

（以上松坡评语）

【雅趣链接】

曾国藩“屡败屡战”的故事

曾国藩率湘军征剿太平军，从衡阳出师到打下武汉，因兵败而数度自杀（未遂）。咸丰五年后的五六年里，湘、赣、皖一带的军事又连连失利，加之官场的排斥、指责，他再次投水自杀（未遂）。面对这一切，最后他终于忍了。幕僚向朝廷拟奏折时说湘军“屡战屡败”，曾氏改为“屡败屡战”。一字之易，气概截然不同：决不屈服，决不退缩，倒下了再爬起来，“好汉打脱牙齿和血吞”！

第四章　诚　实

曾、胡提倡诚信朴实，反对虚伪圆滑。曾氏说："凡官气重、心窍多者，在所必斥。"胡氏说："天下惟世故深误国事耳。"

---

1. 天地万物的生生不息，国家政权的建立巩固，圣贤功德事业的壮大与流传，都是由于尊崇、推行"诚"的缘故。所以说，"诚"维系着世间万物的始终，无诚就无物。

2. 人必须虚怀若谷，心中一尘不染，然后才能做到真实而不虚妄。"实"，大概说的就是不骗人。人之所以欺骗人，一定是心中有别的企图。心中有了别的什么私心，不敢告诉别人，于是伪造假话来骗人。如果心底坦荡，没有私心杂念，又何必欺骗人呢？他之所以要自己欺骗自己，也是因为心中另外存有私心杂念。人有良知是因为崇尚德行，人有私心是因为贪图享乐。不能够克服贪图享乐的私心，就不能不欺骗自己崇尚德行的良知了。所以说"诚"这个东西，就是不欺骗。不谎言欺骗的人，就是心中没有私心杂念的人。没有私心杂念的人，就是胸怀宽广的人。所以，天下最诚实的人，也是天下胸怀最宽广的人。（以下系蒋介石增补）应当读书的时候，就专心读书，不能牵挂着还要会见客人。应当会见客人的时候，就一心应酬客人，不要老想着读书的事。心里一有别的念头，就有私心产生。心中空灵澄明无杂念，有事就顾及、应酬、迎接，做事时不心怀杂念，完事之后也不耿耿于怀，这样就可以说是虚怀若谷，也可以说是忠诚老实了。

3. 知道自己的过失，自己承认错在什么地方，全心全意地加以改正，这是最难做到的事情。豪杰之所以成为豪杰，圣贤之所以成为圣贤，就是在这方面比一般人光明磊落。能够通透这一思想的关隘，心中自然会异常平静快乐，省去多少纠葛，也省得多少遮掩装饰的丑态。

4. 窃取虚名的人，会有难以预料的灾祸；心怀恶意的人，将有料不到的灾难；心怀妒忌的人，也会有想不到的祸害。

5. 世上只有不去算计别人，才能够不让别人算计你；只有凡事多糊涂一点，才能够免遭灾祸。

6. 用兵久了自然会滋生骄横懒惰，一骄横懒惰，就没有不失败的。一个“勤”字能医治懒惰；一个“慎”字能医治骄傲。但在这两个字的前面，还必须有一个“诚”字作为根本。一定要下决心把这件事参悟透彻，辨明清楚。精诚所至，金石为开，鬼神也会感动退却，这里的关键在于自己的诚意啊。人天生是直爽的，与军人交往，更要注重直爽。文人的心里，弯弯曲曲的，很多事情不直说，多数话语不坦白，往往与军人难以相处。文人必须克服隐晦啰唆的毛病，事事坦诚相见，让军人和粗鲁之人明白无疑，这就是待人接物的诚实。以诚为本，把“勤”、“慎”二字贯彻在行动中，大概就能够避免犯大的过错，避免大的失败。

7. 楚军水师、陆军的优点，完全在于没有官气，而血性十足。如果官气增一分，血性必然减一分。

8. 军营中应该多用忠厚老实而没有什么心计的人，这样就容易纯正军风。目前，国家大难四起，朝廷却无可靠兵卒可用，实在是因为军队官兵官气太重，心计太多，既不淳朴憨厚，也无真心实意。湘军创建起来后，凡是官气重、心计多的人，概不录用。但天长日久，湘军也难免沾染上坏的习气，一定要时时警惕，切实加以戒除。

9. 观察人的办法，以纯朴、厚道、廉政、耿直为标准。一个人有了这些品质，再加上有一些其他的特长，这是最为可贵的了。如果没有这些品质，又没有别的什么专长，就不值得任用。甘美的东西容易调味，洁白的东西容易着色，古人所说的人无本不立，其道理就在这里。

10. 轻浮油滑的将领，一旦遇到危险的时候，他慌张的神情就会动摇军心，而他们那油滑的言语就会混淆是非。所以，楚军历来不喜欢任用能说会道的将领。

11. 今天说的话，不能因为明天有一些利害冲突就变了卦。

12. 军事是非常实在的事情，在《二十三史》中除了班固的《汉书》、司马迁的《史记》以外，都是文人臆想杜撰出来的。他们不知道铠甲兵器是什么东西，不知道布阵打仗是怎么一回事，满篇浮华的辞藻、不实的语言，随意编造，万万不能相信。

13. 凡是正确的话、实在的话，可以多说几句，久而久之，人们自然能理解你的心意。直来直去的话，即使多说几句也无妨，但不能把斥责别人的隐私当作直话，尤其不能背后揭露别人的短处。将领的驾驭艺术，最可贵的是推诚布公，而非玩弄权术。

14. 我们总要以诚待人，虚心处世。心诚则专心致志，意气风发，虽然历尽磨难挫折，却永不改平常心境，终有一天会顺理成章地成就事业。虚心，就不会矫揉造作，不持个人偏见，最终会为大家理解。

15. 楚军为什么能够长盛不衰，也是因为办事踏实，一直保持着敦厚朴实的风气。如果向上奏报时，言语浮华，情况虚假，哪怕不害怕远近人士指责，也担心败坏家乡的风气。

16. 自古以来，中国对待外国，有时用恩信，有时用威信，但总离不开一个“信”字。并不是一定要明显违背条约，轻易放弃自己的诺言，这样的结果才是失信。即使是细碎的事情，在一颦一笑之间，也必须透露出真心真意。心中对他只有七分好意，外表上不必装出十分来。双方既然已经沟通，相互讲和，结为友好，那么凡事都要公平合理，照顾双方，不让别人吃亏，这就是恩信。至于说，要做到令人敬畏，完全在于自立自强，不在于装模作样。面临生死有不屈不挠的气节，面对钱财有不沾不染的廉洁，这就是威信。《周易》所述的立家之道，尚且能够以使人信服的威望反过来要求自己，更何况要在他国树立威信，要求异族信守盟约，难道不可以反过来要求自己做到这样吗？这两种办法，似乎有点迂腐且远离实际，不太切合当今时事，实际上凭着质朴率直就可以把灾患消除得无影无踪。

（以上曾国藩语）

17.“拙”是识破天下最机巧事物的方法，“静”是驾驭天下最纷乱局面的手段。

18. 人无论他尊卑老少，等级高低，都应当坦诚相待。向他询问谋略，以观察他的见识；让他去办理危急的事情，以观察他的勇气；让他去面对利益的诱惑，以观察他的廉洁；限期让他完成一件事情，以观察他的诚信。知人善任，不外乎就是这些办法。现在的人心千奇百怪，任你怎么揣摩也难以推究他的所思所想。只有依靠自己真心诚意，才可以救治欺诈的弊端。在一件事上能骗人，但不可能在每件事上都能骗人；能骗得了一时，但不可能骗得了一世。不可不防别人的欺诈，也不可因别人的欺诈而办事灰心。所以说，只要坚贞不移，就足以干成大事。

19. 我们不必世故太深，世上只有世故是最误国家大事的。一部《水浒传》，教坏了天下多少强壮而又不安分的百姓。一部《红楼梦》，教坏了天下多少堂官、掌印司官、总督、巡抚、司道、首府及一切红人。他们专门揣摩迎合上级意图，互相猜疑，相互算计。应该痛下决心根除这种恶习，只管践行自己的理想。深于世故、精于算计的人，也害怕不通世故、执著专心的人，不必与这些人去计较一切。

智取生辰纲(《水浒传》插图)

20. 人贵专一。精诚所至，金石为开。

21. 战场上的事情，胜败没有什么规律，但不管怎么样，都得准确如实，禁止捏造军情。军情准确真实，应对才能周密妥当。如果假报军情，甚至粉饰军情，就会有误军事调度，这是治兵最重要的关键。洪秀全金田动乱以来，他们能够肆意妄为，横行无忌，实际上是由于广西的文武官员谎言欺君，文过饰非，捏报军情，冒功讨赏，虚言求幸，以致太平军蔓延数省，祸乱天下，至今无人能收拾这一局面。[1]

22. 事奉上司，应当以诚心诚意来感动他，以实意真心来对待他，这才是真正事奉上司的办法。如果阿谀奉承，随声附和，并不是真正的尊敬。

23. 凭借自己的小聪明和小伎俩，妄想在世上谋求大作为，却不知道天下并没有完全愚蠢的人。

24. 凭借玩弄权术，盛气凌人，也只能驾驭那些品行不好的将领，而且仅仅能取效一时。本性忠良的人，则并不需要责备督促，自会奋发努力。

（以上胡林翼语）

25. 君子行事之道，最重要的是以忠诚来倡导天下。天下大乱的时候，世人无论上下，都放纵物欲，相互欺诈、斗争、吞并，变着法子置别人于死地以图自己的安全，害怕受难，躲避灾害，不肯捐出一丝一粟来拯救天下。惟有忠诚的君子奋然而起，矫正恶习。他们克制自己，仁爱他人，去除虚伪作风，崇尚朴实美德，自己历尽危难却从不要求别人与他共此患难。他们为国捐躯，浩气长存。他们视死如归，就如同远游异地重返家乡一样，毫无眷顾与惧怕。于是，世人学习他们的义举，都以苟且偷生为羞，以逃避事端为耻。唉，我们家乡的几个君子鼓舞了大家的士气，历经九年，平定了大乱，这难道不是朴实与诚恳的效果吗？

26. 凡说话不能切中要害，不肯承担责任的人，他的部下肯定不会信服。

（以上曾国藩语，系蒋介石增补）

---

① 此为胡林翼站在清朝地主阶级立场上对太平天国运动的诬蔑之词。

我国的人心，断送在一个“伪”字上。我国人心的虚伪，足以断送国家和民族的前途而有余。上司以虚伪来驱使部下，部下以虚伪来应付上司，同辈之间的交往，也虚情假意，世人逐渐习惯了虚伪。人们只知道虚伪带来的好处，往往不知道虚伪的危害。人的天性本来是善良的，怎么竟然会喜欢虚伪呢？这是因为不虚伪自己就不能够生存，不得不走上虚伪的道路。人们不以虚伪之人的虚伪为耻，大家也不知道诚实之人为什么能够诚实，而且反过来互相惊讶怀疑，于是由伪生疑，由疑而生嫉妒。嫉妒之心一旦产生，那么无数的不良品行都会随之产生，就会弃所谓的伦理道德于不顾。唉，虚伪的危害太大了。军队能够发挥作用，全仗万众一心，战士亲密无间，容不得丝毫的芥蒂。这全靠一个“诚”字来团结大家，维系大家。不然，就像一盘散沙，肯定不用作战就自己灭亡了。社会上互相崇尚虚伪，它所潜伏的祸害慢慢才会表现出来；军队里如果互相虚伪，它产生的危害就非常明显，不仅很快会表现出来，而且后果很严重。我们既然做了军人，就应当不遗余力地摈弃虚伪风气，将这种恶性连根铲除干净，不让它留一点余孽。这样，才可以谈治兵，才可以为将，才可以当兵。只有“诚”才可以克服天下的“伪”，只有“实”才可以克服天下的“虚”。李广把石头误作老虎，箭羽能射进石头；荆轲赴秦行刺秦王，天上长虹贯日，都是精诚所至的现象啊。

（以上松坡评语）

荆轲

【雅趣链接】

曾国藩的修身之道

曾国藩把修身作为日常生活重要的一部分，对人生修炼概括了五个字。首先是“诚”，诚实、诚恳，为人表里一致，自己的一切都可以公之于世。他尤为推崇一个“诚”字，甚至相信诚能感神。第二是“敬”，就是敬畏，人要有畏惧，不能无法无天，表现在内心就是不存邪念，表现在外就是持身端庄严肃有威仪。第三是“静”，指人的心、气、神、体都要处于安宁放松的状态。第四是“谨”，就是言语谨慎，不说大话、假话、空话，实实在在，有一是一，有二是二。第五是“恒”，指生活有规律，饮食有节，起居有常。

第五章　勇　毅

曾、胡所论的勇毅，非匹夫之勇和刚愎自用，而是“鞠躬尽瘁，死而后已”的大勇。

---

1. 大概有任在身的人，办理事务绝不可能只有人诽谤而没有人赞赏，也绝不可能只有人感恩而没有人怨恨。有自我修养的人，一般只要求自己没大的过失，不会因为有讥讽议论，就丧失了沉毅之气。衡量一个人，只要他有一方面的长处就可取了，不可因为一点点不足就舍弃有用之才。如果过分苛求出类拔萃的人才，那么平庸的人反能侥幸得以重用。

2. 世间万物交织纠缠，乘除变化无穷尽。我曾经把功业的成败、名誉的优劣、文章的好坏，全都归结为运气的作用。久而久之，更加相信这说法，甚至难以改变。然而，我们还是要自信自强，哪怕是顷刻之间，也应当与这个世界一赌运气；哪怕是细微小事，也要一决高下，最终不能让运气主宰成功，而使我们的自信丧失。

3. 当年我在江西、湖南带兵打仗时，全国几乎都不能容忍我。六七年里，我心中释然，想不再过问世事，只是因为军事开端良好，影响也已经大了，我本来就自命不顾生死，又怎能再去顾及别人的诋毁或是称赞啊。

4. 碰上棘手事情的时候，必须在“耐烦”二字上痛下功夫。

5. 我们办事，成败听由天命，毁誉也听由人说。只是自己的原则和精神，我自有主张，也就是说不随别人的喜惧而改变自己。

6. 军事上遇到麻烦的时候，遭到舆论指责的时候，只有这几件事最应该把握和坚持住：一是不能够骚扰老百姓；二是向上报告情况不可粉饰讳言；三是军事调度不可散乱。就好比船在行进中突遇大风暴时，只要掌舵的人心明力定，虽然成败还不可预料，但要胜过其他慌乱船只许多倍。

7. 如果从社会上的诋毁和赞誉上打听消息，得到的情况必然是虚假而站不住脚的。

（以上曾国藩语）

8. “不怕死”三个字，说起来容易，行动起来确实很难。如果要做到，非真有胆识、真有良心不可。仅仅是因为一时冲动，无真心勇气，一遭到失败就屈服了。

9. 天下的事情，只能是事在人为。到了山穷水尽的时候，还自然有路可走，只要你能实实在在去努力。

10. “冒险”二字，是势所难免的。小心过分，就近似于怯懦了。古语不是说了吗，“不入虎穴，焉得虎子”！

11. 国家委职任用我们，就是想让我们能对老百姓稍微有一些挽救和帮助，我们又怎么能够回避别人的猜疑和怨恨呢？要知道，祸福是命中注定，显达、失势都有定时，去留也有定数。你躲避猜疑、怨恨，未必就能如意；不避猜疑，不计怨恨，不一定就会失去什么。古人忧虑小人的谗言和讥讽，并不是仅仅为了个人的福祉，大概是因为人在其位，身当其事，义不容辞，担心沸沸扬扬的谗言、毁谤会蒙蔽君主的缘故。所以他们那种暗地里的忧国忧民之心，导致了他们忠君爱民的情怀。至于个人的祸福与进退，怎么能使他们的信念有丝毫的动摇呢？

12. 胆量人人都小，只是必须分辨是不是平常无事时胆小，有事临头时胆大罢了。现在的人平常胆子大，有事临头时胆子又很小了，真是让人痛心啊。

13. 讨伐贼寇的理想，不能因为一次过失而丧气，而剿灭贼寇的功绩，必须谋事周全才能成功。

14. 两军交战到了一定程度，不可能没有损失。因此，不能因为一次过失而灰心，但也不能因为打了一次大胜仗就产生骄傲轻敌的想法。即使常常打胜仗，也只能当作家常便饭，并不是什么稀奇的事。只有心中常想着国家正面临危急，百姓正遭受着苦难，人人都要努力竭尽其能，以求对国家、百姓有万分之一的补救。正如成败得失，实关天命，我们只能尽心尽力罢了。

15. 想凭运气去谋求勉为其难的功绩，不如瞄准一个目标坚持不变，认真筹划远大的策略。

16. 军事没有万全之策。想求得万全之策，可能连一个计谋也得不到。处处都谨慎的人，往往处处都不能谨慎。纵观古今战事，如汉高祖、汉武帝、唐太宗、魏武帝等人，都是在濒危中转败为胜的，他们自有天命相济啊。

曹操汉中破张鲁(《三国演义》插图)

17. 不应当害怕却感到害怕，必定会有应当害怕却不害怕的时候。

18. 战争的要害，不战则已，一开战就必须全力以赴；不行动则已，一行动就必须要稳操胜券。如果有把握，就坚守一个月、两个月、三个月，自然会琢磨出克敌制胜的好办法。现在有一些人，看见敌军就沉不住气，不能控制自己，一定要加以改正。

19. 古今战场上的事情，打胜仗是天意，打败仗实属人为。战争，担心不得许多，能够估计有五六分取胜的把握，就必须放胆放手地去打，打仗本来就没有万全之策。

（以上胡林翼语）

20. 贤达的人刚开始的时候，都经历了非同寻常的磨难，在坎坷中颠簸，小心谨慎度日，甚至差不多仅得保全自身。但是，患难的经历磨炼出他们崇高的品德，增长了他们渊博的学识，而艰苦的环境使他们更加坚强。所以，我们要居安思危，不可以在享乐中荒废了斗志和事业。

21. 世道衰微，民风不淳，当今社会崇尚"中庸"之道。听说谁有激烈的行动，就指责人家过激了，有的还以不能成功来阻止人家。如果真的没有成功，那么奸诈小人就更是快乐，大放厥词。作为忠臣、孝子，难道一定要他们每件事都能成功吗？情况危急，形势所迫，只有义无反顾，以死报国罢了。成功了，是天命如此；失败了，自己心中无憾无愧啊！

22. 时事很是艰难的时候，那么挽回时局的首选之法，必须首先戒除恐惧心理，也不要急躁冒进，只要鼓足无畏果敢的勇气，就足以肩负挽回时局的艰巨任务了。当然，把事情看得太容易，也是一个缺点。

（以上曾国藩语，系蒋介石增补）

23. 人心思乱，不是从今天才开始的，也不可能到今天就结束。除了天天练兵，人人习武，否则没有补救的办法。练一天兵就得到一天的力量，练一个兵就得到一个人的力量。

24. 时局艰难，国事危急，我们应当尽心竭力，尽其所能补救国家，不必一定要有出众的才能，不必期望每件事都能成功。每当遇事要办理的时候，要周到思考，处事果断。谋事不周全，办事不果断，最终只会失败。与其坐等失败，不如现在开始仔细谋划。

25. 现在不苦苦支撑，不咬紧牙关，最终不会有高枕无忧的日子。

26. 近来的事情要想办好，必须从整顿吏治和安稳人心上下功夫，彻底根治腐风恶习，不然就难以挽回目前这种危急局面。

（以上胡林翼语，系蒋介石增补）

27. 大局越来越坏，我们必须竭力支持，做一分算一分，在一天就支撑一天。

28. 顽强刚毅之气，决不可缺，但是顽强刚毅与倔强固执是有区别的。古人说：自胜就是强。也就是说，强迫自己去做某件事情，强迫自己去宽恕别人，强迫自己去做善事，都是自胜的意思。比如，自己不习惯早起，却强迫自己天未亮就起床；自己不习惯庄重恭敬，却强迫自己去祭祀、斋戒；自己不习惯劳苦，却强迫自己与士卒同甘共苦。强迫自己勤劳不倦，这就是我们所说的"强"。没有持之以恒的习惯，而强迫自己有恒心，这就是我们所说的"毅"。除此以外，如果单凭勇气去战胜别人，就是我们所说的"刚愎"了。"强毅"与"刚愎"看起来相似，但它们的情形却有天壤之别，不可不仔细观察，不可不小心谨慎。

29. 一天更比一天谨慎，为的是事业能够成功。如果总是满腔忧虑和悲愤，那么恐怕事业难以有成。哪怕有万千不遂心顺意的事，也要千万忍耐。常存敬重之心，不仅仅与朋友相处要这样，无论什么事情也都要这样。

30. 袁了凡所说的“从前的事情就好比昨天死去的东西，以后的事情就好比今天才开端的事物”，意思就是另起炉灶，重新开创一个新世界。谁知道这两次大败，不是上天来磨炼英雄，使我们大有长进呢？俗话说：吃一堑，长一智。我平生的所有进步，都是在受挫折、受屈辱的时候得来的。所以，我们必须要咬紧牙关，磨砺斗志，积蓄勇气，增长经验，万万不可灰心丧气啊。

31. 我在百事不顺的时候，也只有逆来顺受的办法，也不过是凭靠“悔”字诀、“硬”字诀，认真检讨得失，坚定必胜的信心。

曾国藩故居富厚堂(莫雅平 摄)

32. 人的各种弊病，都是因懒而生。人一懒惰就松懈，人一松懈就对自己要求不严，因而办事就不敏感迅速了，真可谓一处迟缓百处懈怠啊。

（以上曾国藩语）

勇敢有狭义、广义和瞬间、持续的区别。徒手搏虎，无舟渡江，死而无悔；临难不苟且偷生，义无反顾。这是狭义的、瞬间的勇敢。成败利钝，无法预料，却能鞠躬尽瘁，死而后已，这是广义的、持续的勇敢。前面一种勇敢，就是孟子所说的“小勇”；后面一种勇敢，就是所谓的“大勇”，就是所谓的有浩然之气的人。前面所辑录的几条，大多是论述的“大勇”，也就是所谓的勇毅。身居高位的军官，除能够做到勇敢之外，尤其要在“毅”字上下功夫。抱着一往无前的志向，满怀百折不挠的勇气，不必计较荣辱、毁誉和生死，只求为国为民问心无愧。用我们的“大勇”，为无数“小勇”作表率，这种榜样的力量很强大，功效也很广泛啊。至于部下的将校和士兵，则应当以勇敢为唯一天性，督促他们尽心尽力履行好职责。不仅仅在战场上勇敢，就是平日行使一切职务，都不应该有一点点的怯弱，不让军人受一点点羞辱。世上所谓的无名英雄，就是我们啊。

（以上松坡评语）

【雅趣链接】

湘军军制

俗话说“打虎要靠亲兄弟，上阵还得父子兵”。曾国藩编练湘军时，很是注意“诸将一心，士兵一气”。在士兵招募上，不收游卒滑弁，只择“乡民壮健朴实者”，为易于训练制驭。在军官选用上，从同乡、同学、师生、亲友中聘任。先聘营官，由营官自己招募士兵。他们必须是孔孟的忠实信徒，有“忠君”、“卫道”的思想。以封建宗法关系为维系湘军的纽带，建立起严格的封建隶属关系。在指导思想上，“教以忠义之气为主，而辅以训练之勤”。灌注忠君卫道之说，强调齐心相顾，行止严格军纪。在军饷筹措上，初由捐募，后仰于税收、厘金。在部队编制上，360 人为营，后增为 500 人，营分四哨，哨分八队，每队正勇为 10—12 名，数营设一统领。水师每营 388 人，分船长、炮手、篙手、舵手、桨手等，各有制规。

第六章　严　明

本章主要论述治军必须赏罚严明，令行禁止，“显以示之纪律，隐以激其忠良”。

---

1. 古人用兵，首先要申明立功有赏、有罪受罚的规矩。

2. 挽救奢靡轻浮习气的最好办法，是倡导质朴之风，对沉疴恶习必须采取严厉措施才能得以救治。

3. 医生治疗毒疮，必须把溃烂厉害的肉割去，才能长出新肉来。今天那些老弱残兵，也应当精简淘汰，好比割去腐肉一样，严格加以训练，以便产生新的力量。不按照这两种办法整治，那么武备松弛的状况，大概不知要到什么时候才有改观。

4. 太史公司马迁所说的好官吏，不过就是奉令守纪，能识大体的人罢了。后世专门崇尚仁慈恩惠，有的人就把施舍小恩小惠的人当作好官吏，这就失去好官吏的本义了。当好将领的方法，也首先要做到法立令行，整齐严肃，而不能去注重妇人之仁。

5. 立法并不难，难的是执行法令。凡是制订了一项法令，必是总须实实在在地执行，并且要持之以恒。

6. 九弟临别的时候，特别强调管理部下应当严明，办事应当快速。我也深知治理军队和管理官吏，首先要求的都是严明。我只是担心眼界有限，就像“明不傍烛”一样，严得不合法理。

7. 吕蒙诛杀拿百姓斗笠遮盖铠甲的同乡，魏绛处死替王公贵族驾车乱行军中的仆人。先人们这样做，难道是为了沽名钓誉？不这样，就不足以警告众人啊。

8. 近年来，我管理部将失之于宽厚，又与诸将相距遥远，危险之际，就暴露出很多弊端。古人说："为人行事，要特别讲究树立威信，人数虽少，必能取胜。"如果不这样，就只会失败了。经历过了这些事情之后，我才明白古人这句话的道理。

（以上曾国藩语）

吕子明智取荆州（《三国演义》插图）

9. 自古以来，带兵的将领，没有不以杀戮立威的。比如魏绛诛死为王弟驾车的仆人，司马穰苴杀死监军庄贾，孙武处死吴王的宠姬，彭越斩首迟到的人，都是这样啊。

10. 世易时移，人心变得越来越虚伪，疏于整治终会酿成祸端，过分宽容不仅不能表明恩德，反而助长不正之风。我们当前担负政务，不采用严厉手段，反而不能显示菩萨心肠。害群之马去除以后，驯服了的狗就不会受惊吓而乱叫，这样法令的威信树立了，也就人人知恩戴德了。我们做事，就要尽我们的义务，在我们职责范围内尽我所能，以求心安理得。这样就不必故意违背人之常情，凡事任劳任怨，最终也不会有瞻前顾后的想法。

11. 号令未出，不准勇敢的人先行前进；号令一出，不许怯懦的人固步不前。这样功罪分明，军队的思想行动也就统一了。

12. 治兵，是一件隐秘的事，应当以收敛、固守为主；作战，靠的是勇气，应当以鼓励、提倡为主。所以，治军贵在执法严谨，时时加强训练，禁吸大烟，禁止赌博，戒除享乐习气，戒除懒散作风。

13. 治理即将出现动乱的国家，必须实行严刑峻法；治理长期混乱的地方，则应当给以自新的出路。

14. 军队行军的时候，务必纪律严明，队伍整齐，这样才是有礼节、有规矩的军队。如果查出有人骚扰百姓，要立即按军法处置。吕蒙行军，不因为一顶斗笠的小事宽恕他的同乡，这就是所谓的纪律严明；周亚夫治兵，不因为是皇帝的先驱就让他们闯入军营，这就是所谓的队伍整齐。

15. 立法应当严谨，用法则应当宽容，明里向将士显示军队的严明纪律，暗中激励他们报国立功的耿耿忠心，将士就会畏威怀德，军队就会成为一支文明威严之师了。治军如果先宽后严，恐怕他们开始已惯于享乐和懒散，最后会对从严治军产生怨尤情绪，军政必然难以整顿了。

（以上胡林翼语）

治军的关键，重在赏罚严明。那些小恩小惠的仁爱，足以败坏军纪，贻误国家大事，这是尽人皆知的道理。近年来，军风颓靡，军纪松弛，赏罚宽严失度，有的过分宽容以图讨好部属，有的故意重罚以显示自己威严。因个人爱憎而喜怒，凭个人喜怒来赏罚，于是得到奖赏的人不知道感恩，受到处罚的人也不知道畏惧。这其中的原因，一半是因为人心刻薄，一半是由于措施不当。在目前钩心斗角、贪图享乐、世风萎靡的情势里，如果不严厉整治，就难以挽回颓败的风气。与其失之于宽，不如失之于严。法令立起来了，人们才知道感恩；威望树起来了，人们心中才有触动。以菩萨的心肠，实行严厉的手段，就正是这个时候。希望各位英雄豪杰，毅然而行，毫不懈怠，那么，军事上还有什么不能立足的吗？

（以上松坡评语）

【雅趣链接】

曾国藩与《爱民歌》

曾国藩治军“禁骚扰以安民”，把它列为《劝诫营官四条》的第一条，后又作《爱民歌》，以简明通俗的语言要求将士搞好军民团结。《爱民歌》这样唱道：

“三军个个仔细听，行军先要爱百姓。第一扎营不贪懒，莫走人家取门板。莫拆民房搬砖头，莫踹禾苗坏田产。莫打民间鸭和鸡，莫借民间锅和碗。莫派民夫来挖壕，莫到民家去打馆。筑墙莫拦街前路，砍柴莫砍坟上树。挑水莫挑有鱼塘，凡事都要让一步。无钱莫扯道边菜，无钱莫吃便宜茶。更有一句紧要书，切莫掳人当长夫。一个被掳挑担去，一家吓哭不安居。娘哭子来眼也肿，妻哭夫来泪也枯。军士与民如一家，千记不可欺负他。日日熟唱《爱民歌》，天和地和又人和。”

抢掠财物(英国漫画,1842 年)

第七章　公　明

曾氏曰："维持是非之公，则吾辈皆有不可辞之责。"强调将帅行事必须出以公心，且要知人晓事。

---

1. 君主把生杀予夺的大权授予将帅，好比是东家把银钱货物交给了店中伙计。如果保举将帅太滥，就是对君主给予的名号和权位不爱惜，就好比店中的伙计不爱惜东家的财货，浪费、贱卖财货一样。介之推说：窃取别人财物的人，都被称作盗贼，更何况那些贪天之功为己有的人啊！我则略微把这句话做了改动：窃取别人的财物就被称为盗贼，更何况假借君主给予的权位、名号，来谋取一己私利呢！我忝居高位，在这事上却不能力挽不良风气，深感惭愧啊。

2. 据我观察，自古以来大乱的时代，必定是先混淆是非，然后政治颠倒，各种灾害也随之而来。屈原之所以激愤投江而不悔，也是因为痛感当时是非混淆、黑白不分。所以屈原说：兰芷已变得不再芳香了，荃蕙变成了茅草！又说：随波逐流，又怎么能不变化呢？感伤是非越来越混淆，自己几乎无法存身啊。后世如汉、晋、唐、宋末年，也是因为朝廷先混淆颠倒是非，而后小人得志，君子才有惶惶无靠的样子。推而广之，一省之中，一军之内，也必定是是非掌管不正，因而才没能做出什么可观的政绩。任用赏罚手段，要看你的权力地位而定，有的行得通，有的行不通。至于维护是非的公道，我们则有不可推卸的责任。顾亭林先生所说的"国家兴亡，匹夫有责"，就是这个道理。

3. 大概做事以“明”字为第一要义。“明”有两种：一种高明，一种精明。同一地方，登上高山的人看到眼前广阔长远，登上城楼的人就只觉眼前空旷，这就是前面所说的高明。同一物品，主观猜测不如衡器度量得准确，眼力再好也不如尺子量得精确，这就是精明啊。高明的人大都想降低、压抑自己的要求，以便迅速回到平实中来，这是很不容易的事。如果能事事精益求精，轻重长短一丝不差，就渐渐地实在了。能够变得实在，也就渐渐地安稳了。

4. 凡是有利益，应当与人均沾；凡是有名誉，应当与人共享。身居高位应当以知人晓事为职责。知人，确实不容易学；晓事，则可凭阅历和勤奋学习而得到。晓事，无论是志同道合，还是有不同意见的人，都可以慢慢地开导启发，期望和衷共济创大业。不晓事，那么抱私心杂念固然会办错事，秉以公心也会办错事；小人不晓事要办错事，君子不晓事也一样办错事；结党营私的人不晓事会办错事，性情正直的人不晓事同样办错事。如果再加之不知人，那么办事就始终与目的背道而驰，绝没有和谐融洽的道理。所以，常言都把分辨君子与小人看得很重要，但我却认为天下没有一成不变的君子，也没有一成不变的小人。今天能够知人晓事，就是君子；明天不知人晓事了，就是小人。寅时公正光明，就是君子；卯时偏私暧昧，就是小人。所以，很多人在一起诋毁或赞誉某事的时候，我都在一边默默地深深思考，不去随声附和。

5. 营、哨官的权力过轻，就不能按照自己的意志行事。危急险难之际，爱戴他而跟从他的人可能有几个，畏惧他而跟从他的人就绝不会有了。其中的原因，应当暗里观察，并且暗中纠正。让他们权力大揽则不免偏颇，权力分解便可多方牵制维系，不致涣散。

（以上曾国藩语）

6. 选拔人才不能不破格，但是必须名副其实。否则，别人即使没有闲言碎语，而我自己心中先感惭愧了。

7. 世上的事情没有真正的是非，只有虚假的好恶。然而，世上徇私枉法的人扪心自问，难道那些获得私利的人，将来能回报为他们徇私枉法的人吗？他们的本来面目大概也就露出来了。

8. 天下只有自己左右的亲信、随从，不可不慎重选择。身边的亲信、随从没有正人君子的话，那么良友不能近身，直言不得进耳。

9. 朝廷封爵赏功，不是我敢专自擅为的，更不是我敢吝惜赏赐的，那是必须积累功勋才可得到的奖赏。如果稍有滥赏，不仅不能激励人才，反而严重败坏风气。推荐贤才而不受赏赐，暗中累积的功德必定会荫及子孙后代。

10. 国家的名号和权位，不可随便授予。慎重封赏，才能振奋军心，既可图长久的效应，又可求得快速的成功。

11. 天下只有不懂道理的人才经常怀疑人，明白人是不怀疑人的。

12. 是非不明，气节忠义也不讲，这就是天下大乱的原因啊。

（以上胡林翼语，第12条系蒋介石增补）

13. 知道天地无限，而人生苦短，所以我们遇到忧患和不顺心如意之事时，就当稍加忍耐，观望时机。知道天地广大，而我们所居之地极小，遇上争名夺利的境况之时，就应退让推却，以待将来有所作为。知道学无止境，而我们孤陋寡闻，就不敢以一得之见而沾沾自喜，而应当一门心思向学，并长期坚持下去。知道世事变化无常，而我们的事功很少，就不敢以功名自矜，而应当想着举荐贤才共图大业。能够做到这样，那么骄傲自满、自私自利的想法，就逐渐得到消除了。

（以上曾国藩语，系蒋介石增补）

曾文正公（曾国藩）认为，身居高位的人应该以知人、晓事为职责，并且以能否知人晓事来判断他们是君子还是小人。虽然是有感而发，但曾公的这一观点非常正确妥当，并不是一时的激愤之言。用人得当不得当，要看他是不是全面地了解人；有没有办事的才能，要看他了解事情是不是透彻。不了解人就不能用好人，不通晓事又怎么能办好事呢？君子与小人的区别，就在用人是否得当、办事是否有成上见分晓。如果所用的人不能称职，所办理的事情措置不得要领，以致贻误大局，即使他并没有别的什么私心，最终也难以得到宽恕。以前圣贤用人的时候，内举不避亲，外举不避仇，他们胸襟的正直宽广，足以为后世永远的榜样。曾国藩推荐左中堂（左宗棠），弹劾李次青，并不因为个人恩怨而放弃举荐和弹劾，一代名臣的胸襟，足为后人永久仰慕。近代以来，国家权力和名位的授予，可以说是滥之又滥了，各种谋取功名利禄的门路，五花八门。如果用人过于讲究论资排辈，固然会压抑、委屈人才。现在用人不讲论资排辈，就不足以激浊扬清。得赏的人不必有功业，受惠的人不必有功劳，受举荐的人不必有才能，被弹劾的人不必有劣行。有的人现在很是贤德，但昨天还非常卑劣，有的人今天遭人辱骂，但昨天却为人夸耀。夸奖一个人就把他抬到九天之上，贬抑一个人就把他置于九渊之下。得到功名的人不为之欢喜，因过错遭贬抑的人也并不为之内疚。那些用来任用人才、鼓舞士气的手段，现在的作用竟然基本丧失了。要想挽回补救这一局面，权力掌控在上面，并不是我们能够解决的。只是我们身居将校之位，在一个小的范围内，对于用人一事，也并非绝对没有自主的权力。既然有这点权力，就应该特别注意在用人上唯贤是举，特别是要名实相符、才位相称。能够在自己用权的这个小范围内对国事有所补益，也就足以心安理得了。

（以上松坡评语）

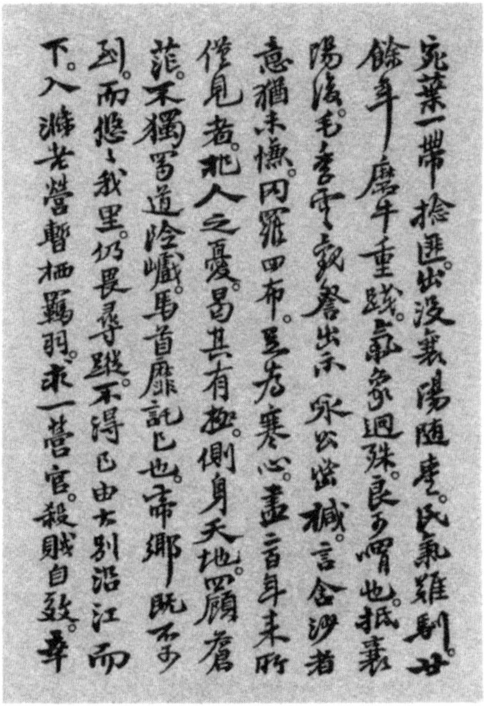
宛葉一帶捻匪出沒襄陽隨棗。民氣雖戢。廿
餘年摩牛重踐。氣象迥殊。良可嘅也。抵襄
陽後。毛李雲數營出示永公營械。言含沙者
意猶未慊。内羅四布。至為寒心。盡二百年未所
僅見者。杞人之憂。曷其有極。側身天地。四顧蒼
茫。不獨蜀道險巇。馬首靡託已也。帝鄉既不可
到。而悠悠我里。仍畏尋蹤。不得已由太別沿江而
下。入湘老營暫栖羈羽。求一營官。殺賊自效。幸

左宗棠手札

【雅趣链接】

中国古代封爵制度

封建帝君为笼络族人和大臣，也为自己江山牢固，发明了封爵的赏赐办法，实际上和我们现在通行的“职级职别”和“技术职称”差不多。不同的是，古人得到了爵位，可以说就拥有了身份、地位和“饭碗”。封爵源于商代，商代疆域内服由商王直接统治，外服则分封给侯、伯等，这就是中国最初的封爵。到了战国时代，正式有了公、侯、伯、子、男五等爵位。最初受爵的仅是王族，西汉以后才有功臣受封。清朝皇族爵位分得最细，有十四等，其中贝勒、贝子是满语“天生贵族”的意思。爵位与官职有一定关系，且爵禄在古代往往连称，受爵必得禄。西周时，公、侯是封国内的君主，封国内的财政收入全归其所有，但公、侯要对天子承担镇守疆土、交纳贡税、朝觐述职等义务。以后封爵都有一定食邑，但不再自收自支，而由王朝先征后返。后来食邑又成了一种虚名，只有爵位前加所谓“食实封”若干户才享有相应封户租税。

第八章 仁 爱

曾、胡认为治军须以“礼”为根本，带兵则以“仁”为首要。曾氏“吾辈带兵，如父兄之带子弟一般”，后来成了兵家要义。

1. 带兵之道，用施恩的方法不如用仁政的方法，用树威的方法不如用礼节的方法。所谓“仁”的方法，就是自己要立业就得帮助他人立业，自己要发达就得帮助别人发达。用对待自己子弟一样的愿望对待士兵，经常敦促和希望他们能够发达，能够立业，这样他们就知道感恩戴德了。所谓“礼”的方法，就是无论人数多少、官职大小、年龄老幼，都不要藐视他们、怠慢他们，不居功自傲，不盛气凌人。要他们衣冠齐整，面容恭敬，威而不猛，一副庄严的样子，让人望而生畏。秉持事理谦恭谨慎，待人接物庄重严肃，在无形无声中，经常保持凛然难犯的样子，这样部属就感觉到威严了。只要坚守这两条，即使在蛮荒之国都能够推行，还会有什么样的军队不可以整治呢！

2. 我们带兵，要像父兄带子弟一样。没有金钱赏赐，没有职位保举，都是小事。千万不能放纵他们骚扰百姓而坏了品性，因嫖娼、赌博、吸食大烟而损害了身体。能够个个学好，人人成材，那么士兵感恩戴德，他们的父母也会感激不尽。

3. 爱护百姓是治兵的第一要义。必须天天三令五申，把它看作事关军队生命的根本大事，不可把它当作装饰门面的简单条文。

（以上曾国藩语）

曾国藩庆贺太平宴(清末年画)

4. 大将以挽救大局、救援他人为主,必须要有鼓励善举、怜惜弱小的美好气度,这样才会包容一切。觉得打了胜仗没有什么值得骄傲的,打了败仗也没有什么可以抱怨的。即使别人不肯救我,我也一定要救别人。

5. 必须语重心长地告诫军官,严格约束士兵,教导他们爱护百姓,并且要随时访问调查,随时督促劝诫,使各营团行军打仗的时候,不惹事端,不惊扰百姓,而要除暴安良,这样就称得上一支好军队了。

6. 应当以大德来爱护人,而不是私下里用小恩小惠来笼络人。

7. 军队所到之处,必须秋毫无犯,注意团结民心。

8. 长官对身边的部属,应当在公共场合当众褒扬他的功绩,而在私下里个别规劝他的过失。

9. 古来圣贤和佛道之人,以及英雄豪杰,无不以利人济物为根本，无不以损己利人为正道。

10. 爱人之道，应以严厉为主，过分宽容他就会心中懒散甚而浮躁。

11. 自古以来，忠臣义士对曾经有恩于己的人，必定小心谨慎地侍奉终身。韩信封王之后，却不忘一个漂洗农妇的一饭之恩；张苍做了丞相之后，退朝回家侍奉恩人王陵的妻子，就好像对待父母一样，终身不改。他们这种正大仁厚的胸怀，值得我们学习和效法。

（以上胡林翼语）

12. 凡事不慌不忙，遇挫才有进步，日后必有一番甘美滋味在心头。

（以上曾国藩语，系蒋介石增补）

曾公国藩说的带兵如同父兄带子弟一语，显得非常仁厚慈善，讲得最为贴切。把这一条牢记心中，那么现在带兵的格言，千言万语都可付之一炬。父兄对待子弟，只担心他们愚劣蒙昧不知事理，于是耐心教诲他们；担心他们受冻挨饿遭受苦痛折磨，于是细心爱护他们；担心他们举止放荡不能养成优良品行，于是苦心惩责他们；担心他们事业不能发达，就精心培养他们。无论是宽是严，是爱是憎，是喜欢还是讨厌，是奖赏还是惩罚，全都出于诚心，绝无虚情假意，也全都出于公心，绝无私心杂念。如果这样，那么士兵爱戴长官，也必定如同子弟爱戴他们的父兄一样了。

军人以军营为第二家庭，这话非同一般，听起来亲切有人情味。但是，从实际情况来看，这个第二家庭和自己本来的家庭比较，成员之间关系的密切，恐怕有过之而无不及。这是什么原因呢？因为长官教育部下，就好比良师益友一般；约束、督责、爱护部下，好比父兄一般。而部下对待长官，他们小心恭敬地侍奉，与子弟对待师友、父兄，大概没有两样啊。当他们一同走上战场后，休戚相关，利害与共，就会同患难共生死。况且一旦当兵，由常备军而成续备军，由续备军而成后备军，其间岁久天长，不能脱掉军籍关系。一旦发生战争，就必须荷枪上阵，为国效劳。这是从感情方面来讲。国是家的集合体，卫国也就是卫家。军队是保卫国家的中坚力量，那么应当以这个第二家庭为重，这是从义的方面来讲。古今名将用兵，无不以安民、爱民为根本。因为用兵本来是为了安民，如果骚扰、侵害百姓，就违背了用兵的本意宗旨。军队是从老百姓中诞生出来的，军饷也出自于老百姓。追本探源，怎能忍心骚扰侵害百姓呢？在地方上行军打仗，给百姓带来的麻烦难道还少吗？军队的休养，粮草的采办，民工的征发，敌情的查访，道路的指引，哪一样不需要借重百姓的力量？如果结怨于百姓，招致他们的反抗，是自己使自己陷于困境啊。至于出国打仗，也不可以无故祸乱地方，无辜加害百姓，以致向上冒犯天意，对下招惹民怨。仁义之师，决不会出此下策。因此，陆战、海战条约严禁掳掠行为。

（以上松坡评语）

【雅趣链接】

仁爱之义

“仁爱”，就是鲁迅先生批判旧文化时所称的那把杀人不见血的“软刀子”。其实，它是中华民族美德中最具特色的部分，主要是常被一些伪善的统治者用来蛊惑人心，因欺世盗名而损其要义。“仁”的核心是“爱人”。它要求，国家要以苍生为本，重视人，尊重人，同情人，关怀人；家庭要以孝悌为本，尊长敬老，兄友弟恭，形成一种浓浓的家庭亲情。

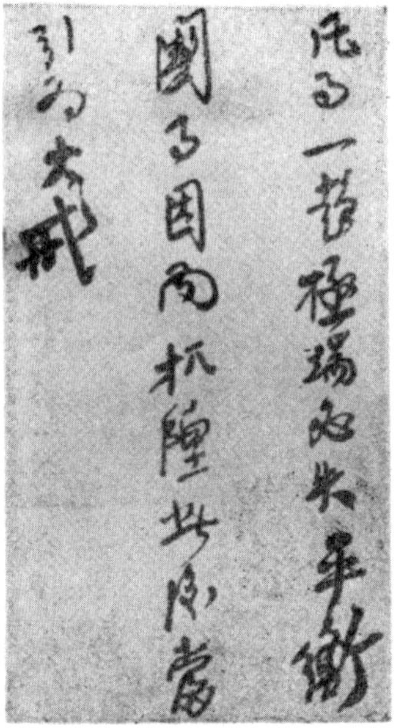

蔡锷手迹

第九章　勤　劳

曾、胡认为“治军以勤字为先”，使其“耐冷耐苦，耐劳耐闲”。

1. 练兵的方法，必须官兵日夜操练，这样才能技艺逐渐熟练，如同母鸡孵小鸡，也好比火炉炼金丹，不能够有片刻的松懈。

2. 天下的事情能够壮大、长久，没有不是从艰苦中得来的。

3. 种种弊端，都是由懒惰引起的。懒惰，就会松弛懈怠；松弛懈怠，就治人不严，思想、行动就不敏感。一处松懈，那么凡事都懒洋洋的了。

4. 治军的方法，要以勤为先。自身勤劳，那么身体强健，耽于安逸则会生病。全家勤劳，那么家庭兴旺，懒惰就会导致家业衰败。勤于国事才能求得国家大治，懈于国事就会引发国家动乱。军队勤劳才能获胜，将士懒惰只会失败。懒惰是一种迟暮之气，我们必须注重培养军队的朝气。

5. 治军以勤为先，从过来的经历中，我知道这个方法不能轻易改变。没有平日不坚持早起，而临敌时忽然早起的人；没有平日不习惯劳苦，而临敌时忽然习惯劳苦的人；也没有平日不能忍饥耐寒，临敌时忽然能够忍饥耐寒的人。（以下系蒋介石增补）我们都应当习惯勤劳，开始的时候就要严格要求，逐渐地对偷懒耍滑者痛加惩戒。

6. 每天应该办结的事情积存太多，就应当在清早列出清单，把当日应当办完的事情在当天了结完毕，就如同农家清早起来分派当天的农事一样，不能有当天不能了结的事务，这样积压下来的事情才会较少。

7. 养生之道，最重要的是清心寡欲，多动少食。

（以上曾国藩语）

8. 军队中的事情，如果将帅不身先士卒亲自操劳，必然无补于事。古今名将，不仅才华谋略不同一般，而且精力过人。

9. 将帅不理事，那么士兵就会骄横放纵；士兵骄横放纵，就会软弱涣散。

10. 军队的士气，不经常打仗，没有战争的磨砺，往往低落，经常打仗才会强盛。军队安逸久了，最后会变得一无所用，肯定难以上阵迎敌作战。

11. 军事就好比学生的功课，不进则退，不能迎战也就不能守住阵地。敬姜说：劳则思，逸则淫。设想把数万兵力毫无用场地驻扎在边境上，从古至今都没有这种方法。况且长期安闲无事就会筋骨松弛，思想麻痹，胆量怯弱，不仅难以应战，而且肯定难以防守。

晚清新式军队操练

12. 荒淫安逸，好酒贪色，都是导致失败的缘由；追欢逐乐，贪图享受，都是治兵的禁忌。江南大营围攻金陵惨遭失败，完全是因为将骄兵惰，终日沉湎于欢娱嬉乐，没有把围剿太平军放在心上。有的一心想着与女人暗中交欢，有的只顾私自贪恋家室的鱼水之乐，有的成群结队纵酒高歌，有的整天泡在赌场烟馆漫自消闲，淫心荡志，乐极忘疲，以致军队士气不扬，御敌无备，全军覆没，完全是由于放纵欲望、淫心荡漾造成的啊。军队就好像火一样，不加控制就会焚毁；军队又好像水一样，如果不流动就会腐臭。治军之道，一定要以苦其心志、劳其筋骨为法典。

（以上胡林翼语）

13. 要耐得饥寒，耐得辛苦，耐得劳碌，耐得清闲。

14. 立法不难，但执法却不容易。以后总的要求是扎实执法，经常执法。应对事物，接洽事务，要从人情世故中最粗最浅的地方着眼，不必从纵深处细微处洞察。

15. 虽然身体衰弱，却也不宜过于爱惜。精神越磨砺越焕发，阳刚之气越激扬越旺盛。每天做事越多，那么夜里睡觉时心情越快活。如果只顾着爱惜自己的精神，蹑步不前，气息微弱没有一点生气，那么绝难成就事业。

16. 总须脚踏实地，从小事起步，勤勤恳恳，日积月累，就会成功。

17. 精神越磨砺越焕发，不能因为自己身体向来不好，就过于保守、爱惜。智慧越苦思冥想越聪明，不能因为境遇偶尔不如意，就马上心情沮丧。

18. 不要轻易冒进，也不要轻易退却。

19. 习惯劳苦是办事的根本。引用一班能吃苦耐劳的正人君子，时间长了自然会有大成效。

20. 想要去掉“骄”字，总的来说，要以不轻易非议、耻笑别人为第一要义。想要去掉“惰”字，首先要做到每天总是早早起床。

21. 每天临睡的时候，要默默回想今天劳心的事做了几件，劳力的事做了几件，就知道自己为国家做的事不多，更应该诚心竭力多为国事操劳。

22. 自古以来的圣贤豪杰，文人雅士，他们的志向不同，所从事的功业也不同，但他们豁达光明的心胸，是大致相同的。

23. 我们既然办理军务，就处在功利场中，应当时时勤劳，就好比农夫奋力耕种，好比商人醉心赢利，也好比艄公拉纤上滩，白天劳作而晚上思量，以求事业成功。然而，在治理军事之外，这里面还必须有一股淡泊气象。二者相结合，既能做到勤为国事操劳，又不计较名利得失，这就最有境界和意味了。

24. 用兵最要戒除骄气与惰气。提到做人的道理，也是“骄惰”二字误事最厉害。扶危救难的英雄，总是以苦心劳力作为人生第一准则。

（以上曾国藩语，系蒋介石增补）

行军打仗的事，有时在寒冬的冰天雪地里跋涉，有时在酷暑的恶瘴蛮荒山野奔驰，有时在风暴雨雪中露宿，有时日夜兼程赶赴目标。寒冷时无衣暖身，饥饿时无食果腹，口干时无水解渴。枪林弹雨之中，血肉横飞，看尽人世间所不见的惨景，受尽常人所没经历过的痛苦。他们的精神，他们的体力，如果不是平时培养有素，训练有恒，怎么能够忍受？练兵的主旨，以能够让士兵效命疆场为目的。想要他们效命疆场，就应该在平时竭尽全力，修养他们的精神，锻炼他们的体魄，提高他们的军事技术。临阵的时候，他们才能心中有数，毫不慌张。所以，耐劳吃苦，是治军的第一准则。而领兵的办法，也要使士兵能够耐劳吃苦，这是当一不二的方法。大概人的本性就像猴子，喜动不喜静，适宜劳作不适宜过于休闲。劳苦了就会用心思考，安逸了就会迷惑昏乱。闲居无所事事时，就要惹是生非，这是人之常情。军队里面，数百数千血气方刚的青少年聚集在一起，如果没有法度统一他们的思想，锻炼他们的身体，要想他们不犯规越轨，不胡作非为，怎么能做得到呢？

（以上松坡评语）

晚清新式军队操练

【雅趣链接】

八本堂及曾氏家风

曾国藩祖祖辈辈都是勤劳节俭的农民。他本人是靠从小半耕半读，发奋苦学才成材的，后因战功封侯拜相，官至极品。其四兄弟曾国潢、曾国华、曾国荃、曾国葆也很为曾家争气，都做了高官，赢得满族荣华。但曾国藩再三告诫子孙后代须“半耕半读，勤俭持家，以承祖制”，要求他们亲自参加杀草、砍柴、插禾、锄地、收割、捡狗粪等农事劳动，不许仗势欺人，不许使婢差奴。

曾国藩对他爷爷曾玉屏遗下的治家八字诀“书蔬鱼猪，早扫考宝”更是奉为至宝，即坚持做好读书、种菜、养鱼、喂猪、早起、扫屋、祭祖、睦邻八件事情。曾国藩后来把自己的住宅取名八本堂，这个“八本”后来又被他扩展内容，成为曾氏家族修身齐家平天下的规矩，即：“读古书以训诂为本，作诗文以声调为本，事亲以得欢心为本，养生以少恼怒为本，立身以不妄语为本，居家以不晏起为本，居官以不要钱为本，行军以不扰民为本。”

此外，曾氏祖传家风家规还有三不信：不信僧巫（和尚师公），不信地仙（风水先生），不信医药（凡药三分毒）；三致祥：孝致祥，和致祥，恕致祥；以及“勤俭孝友”四字要诀：勤劳俭朴持家，孝敬父母长辈，友好兄弟姐妹，团结左右邻居。

曾国藩故居的八本堂匾额（肖玉叶 摄）

第十章　和　辑

本章主要论述军队的团结协作。曾氏说："湘军之所以无敌者，全赖彼此相顾，彼此相救。"

---

1. 祸端的引发，没有比猜忌更厉害的了，这是古今的通病。败国、亡家、丧身，都是由猜忌所导致的。《诗经》说："不猜忌不贪婪，怎么用得着心怀鬼胎？"猜忌和贪婪两大弊端，大概是小肚鸡肠的女人和逾墙越货的盗贼共有的恶习。

2. 两军相处，统兵的将帅有一点意见不合，那么营哨必定有三分不合，士兵就必定有六七分不合。所以，要想和衷共济，就得先从统兵的将帅开始，保持一种平和宽恕的心态。人人都讲究名声，谁不像我一样呢？一同打仗不可讥笑别人退缩，一同行军不可怀疑别人骚扰百姓，处处严于律己，宽以待人，这样就省得许多口角。

3. 凡事要专心致志而敬业，待人要安详、平和而宽恕。敬业，那么就会小心翼翼，不论大事小事，都不敢有丝毫疏忽。宽恕，那么对别人凡事留有余地，有功不独自占有，有过不推卸责任。如果能把"敬"、"恕"这两个字常记心中，就可以长期担任重要职务，福祚不可限量。

4. 湘军之所以能够所向无敌，全凭将士们相互照顾，彼此救援。即使平日积怨很深，一旦上阵仍然能够彼此照应。即使上午发生了口角争端，下午仍然能够相互救援。

（以上曾国藩语）

5. 军机大事，由一人主谋才会成功，由多个人来谋断就会失败。唐朝时，朝廷派出九位节度使率军攻打相州叛军，都以失败告终，即使当时的名将郭子仪、李光弼也不能幸免。因为谋议可以广泛征求众人意见，而决断的权力，则必须掌握在一人手中。

6. 自古以来，因为将帅不和睦，意见不统一，步调不一致，导致以多不能胜少的战例，不止唐朝九位节度使战败相州这一场战役。

7. 统领大局的大将领，应以救援他人、稳定大局为主，不应该炫耀自己的长处，更不应当指责别人的短处。

8. 士兵不论多少，总以能听从号令指挥为上。不能奉行将领的指挥，兵力再多肯定也会失败；能够奉行将领指挥，即使兵少也必然会表现出强大的战斗力。

（以上胡林翼语）

9. 沅弟认为彭玉麟态度过于严厉。眼睛能见千里，却看不到自己眼皮底下；为人严厉，却不知道自己音容笑貌让人不敢接近。彭玉麟为人严厉，他无自知之明。沅弟的态度，恐怕也未必就好，只不过也无自知之明罢了。

（以上曾国藩语，系蒋介石增补）

彭玉麟像

古人相处，有的在公共场合激愤争吵，私下里却又交欢言和；有的平常相互吵闹，战场上却又能相互救助。这是因为他们不以公废私，更不以私而害公。人心如面，各不相同，很难强迫他们心思相同，强迫他们意见相合。所以，彼此之间有一些小小的怨恨和隔阂在所难免。只要在公私之间界限分得清，认得明，把它们截然分成两回事，不要混在一起，搅在一块，就好了。发捻战争、中日战争、中法战争，诸将领因为意气相争而导致失败的事情，不一而足。先前的老一辈口耳相传，言之凿凿。以前掌握兵权的将帅，大多起于行伍之间，不知道顾全大局，动不动就意气用事，也怪不得他们那样。今后一旦发生战争，动用兵力必在数十万之上，几乎有三十多镇的军队。军队以及士兵之间，向来没有什么情谊，互相没有建立起信任，语言也有隔阂，统一指挥调度的艰难程度大概可以想象得出。如果不为着忠心报国的共同目的，不相猜忌，不生二心，或许难免不重蹈以前的覆辙。要想求得和衷共济，那么只有恪守、遵照先哲遗训，从统帅军队的将领开始，先保持一副平和宽恕的心态，一旦有功不独自占有，这样才可以谈得上克敌制胜。

（以上松坡评语）

【雅趣链接】

古代的和谐观

中国是奉行中庸之道的国家，讲究“调和”之策，老祖宗里早就有人倡导“和稀泥”了。《论语》中就有：“礼之用，和为贵。先王之道，斯为美；小大由之。有所不行，知和而和，不以礼节之，亦不可行也。”类似的古训很多，和为贵、和气生财、和气致祥、和衷共济、家和万事兴、百忍堂中有太和，都是说的“和”。

儒家是通过道德修养达到自身的和谐，再推广到“人与人的和谐”。儒家的“太和”观念，包含着自然的和谐、人与自然的和谐、人与人的和谐以及自我身心的和谐。不仅儒家，构成中国传统文化有机部分的其他流派，如佛、道、墨诸家，也大都主张人与人之间、族群与族群之间的“和”。佛教反对杀生，主张与世无争；道家倡导“不争”，以“慈”、“俭”、“不为天下先”为“三宝”；墨家主张“兼相爱，交相利”，尤为反对战争。

第十一章　兵　机

曾、胡强调“简练慎出”，善于分兵布阵和运用士气。

---

1. 此前为了赶赴湖北救援，不免仓促成军。近来，为了东下讨贼大计，必须精练军队，谨慎出兵。若是没有经过训练的士兵，枪械也陈旧不能使用，这样的军队什么地方没有，而一定要远到湖南来找呢？这样的军队，相当于辽东人所夸耀的生猪，好比灞上玩儿戏的军队。所以，这次这支军队不可不精心挑选，不可不训练有素。

2. 战争，是隐秘的事情。其意哀戚，如同参加亲人的丧礼；其心肃敬，又好比承办重大祭礼。所以，军队中不宜有欢欣的气象。如果有欢欣气象，无论是和悦之气，还是骄矜之气，最终的结局都会是失败而已。齐国的田单在即墨守城时，将军有必死之心，士兵无生还之意，这就是他们所以能够大败燕军的原因。到他攻打狄人时，将士衣饰奢华，只有活着的欢乐，没有了与敌死战到底的决心，鲁仲连因此料定其必然不能获胜。带兵打仗这种事，应当营造凄惨悲戚的气氛，不宜欢乐欣喜，这也是很明显的道理。

3. 这次从湖南招兵东下，必须选拔久经锻炼的士卒，准备坚固精良的枪械。水军要船炮都非常充足，陆军必须将士同仇敌忾，抱定不打胜仗三年不回家乡的决心，准备经百战历万难的战斗行程。怎么可以儿戏般地组织军队，匆忙成行？如果军队都是些乌合之众，枪械兵器又大多是陈旧腐朽的装备，战船不足两百艘，利炮不够五百座，如同大海里颠簸的豆子，也好比扑面而去的灰尘，即使能够迅速抵达安徽，究竟对战事有什么帮助呢？因此，依我之见，战船必须要有两百艘，再增补民船七八百只，大小炮要有一千余尊，至少要募集水军四千人、陆军六千人，夹江而下。备足这些兵员和武器，必须要等到明年才能成行，这样才能初略形成气候。否则，名义上是大兴义师，实际上等于矮子观场看戏，不值得方家一笑。

4. 打仗，靠的是勇气。第一次鸣鼓进攻时能振作士气，第二次鸣鼓进军时士气就衰减了，第三次则衰竭了。我对这几句话，经常在心里揣摩体会。大约用兵没有其他的巧妙，应当保存好用之不尽的士气罢了。孙仲谋率军攻打合肥，被张辽重创；诸葛亮进攻陈仓，受挫于郝昭，都是因为开战之初锐气过高，又不能再次鼓起士气，逐渐就衰竭了。只有荀蓝攻克逼阳，士气已经衰落了，突然又振作起来，最后克敌制胜；陆抗夺取西陵，预料到西陵城池不可能一时攻下，因而蓄养锐气，预先安排好外援，坐等城内守兵自取灭亡。这些都是善于利用士气取胜的良将。

孙仲谋合肥大战(《三国演义》插图)

5. 太阳升到正中，就会西偏；月亮圆了以后，就会开始亏缺，所以古诗有“花未全开月未圆”的句子。有见识的人触类旁通，凭此可以推知很多其他的道理。所以，我治军以来，每当胜败预料不定的时候，全军上下战战兢兢，恐悚不安，后来常常获得大胜。而当我志得意满的时候，各路大军云集，以为打胜仗已是常事，将士们骄傲自满，往往造成意外失败的结局。

6. 国家要图强，必须得人方能强盛。所谓没有竞争对手，那是因为你拥有人才。如果不得其人，就如同雏鸟羽毛未丰，似乎难以高飞。过去的宣宗皇帝也曾誓言发奋图强，经常后悔屈签和约，而主张抗战保国，最终因为没有优秀的将帅，不能大雪国耻。现在，要想罢和主战，也必须发掘一批有远大志向，能制敌取胜的人才，来担当抵御外侮的重任。如果仅仅是区区几个湖南的人才，以及目前知名的几个人，即使有再杰出的才能，恐怕也未必不以失败告终。况且，现在聚集的人才太少，也根本不够分派到全国各地。用兵之道，最忌讳“势穷力弱”四个字。“力”是指将士的精力而言。“势”则是指大局大计，以及粮饷的持续供给、人才的不断培养而言。善于作战，即使一时失算也终能取胜；不善于作战，即使胜算最终必败。

7. 孤军深入却缺乏后援，这是用兵的大忌。

8. 在危急的时候，特别要以全军保持士气为主。孤军无援，粮饷不继，奔走疲惫，都是军心散、队伍乱而导致失败的原因。

（以上曾国藩语）

9. 只有不会打仗的将帅，没有不会打仗的士兵。只有只可打胜仗、不可打败仗的将帅，没有必然打胜仗、必然不打胜仗的士兵。

10. 古人行军打仗，先要度量自己军队的强弱，而不必探问敌军的多寡。

11. 军事决胜在于随机应变，地势熟悉靠平日观察，不是一般的张扬自己精深微妙，就可以做得到的。

12. 军事有因为棋先一着而获胜的。比如，在险要的地方，先派遣一支军队据守，这就是必胜之道。也有棋后一着获胜的。比如，等到敌情一有变化，就随机应变，这也是必胜之道。至于侦察敌情，探寻制敌路径，则必须预先切实办理妥当。军事的巧妙之处，自古以来，没有比从敌军背后袭击、从中部发起进攻、从后队进行包抄更为有效的了，只是必须审明地势和敌情。

13. 先安排部署兵力，等待敌人来交战，然后根据敌军军情的变化具体应对，这是必胜之道。因为敌军求战，我军以静制动，以逸待劳，以整御散，所以是必胜之道。这种战法不可生搬硬套，却也未必全无可取之处。

14. 临阵之际，必须全军集中力量，前有先锋，后有援军，既有防备敌军抄袭的兵员，也有按兵不动以随机应变的兵力，这才是胜着。如果派人守候，不按约定时间进攻，便是违抗军令；到了约定时间却不向前进攻，便是怯战。这些都必须做到号令严明。依从他人意见，以为向前进攻就是荣耀的事，以为向后退却就是不光彩的事，必然不妥当。

15. 夹击敌人原本是上策，但是只可以秘密计划而不可以泄露天机，只可以全力而为而不能单兵突击；必须谋划妥当才能出兵作战，相机而行，不可前后不一，律令相违。

16. 不轻敌才能筹划周到，不怯战才能稳扎稳打。

17. 兵力分散就会力量单薄，穷追硬拼就会士气消散，原本会大获全胜，反而遭受大败，这就不是懂军事的人，不可不小心谨慎。军容严肃就会获胜，兵力集中才会获胜，团结协调才能获胜。这三种获胜的诀窍，就取决于统兵的人了。

18. 我军出战，必须层层布置，纵横列阵，以整攻散，以强击弱，以殿后的劲旅防范敌军偷袭。临阵切忌队伍散乱，打胜仗时切忌贪图钱财。

19. 熟悉地势，分析敌情，妥善计谋分兵攻击敌人的行动。或者抓住敌人的缺点，乘虚而入；或者向着敌人的要害部位，集中兵力攻击，这些全在于将帅仔细斟酌，相机而行。只是临阵的时候，切忌队伍散乱，切忌贪图钱财。得胜进击的时候，更应当整顿队伍，务必争取多杀敌人。作战的要务，只应合围一处敌人，以便引来敌方援军，其余军队则分成战兵、援兵和兜剿之兵。如果处处合围，那么兵力都会被敌军坚固的城池所牵制。屯兵坚城之下，只会是情势对我军不利。

20. 用兵之道，以保全己方军力为上策，占领敌人土地次之；击破敌军为上策，占领敌人城池次之。古人打仗必须等四路无敌后，才围攻敌人城池，这就是兵法中“十则围之”的含义。

21. 军事上有必须棋先一着的战术，比如，在险要的地方，派兵据守，先发制人，这叫做扼喉之计，是必胜之道。也有必须棋后一着的战术，越持久越神妙，越老到越坚定，等到敌军改变作战计划时，就乘机发起攻击，这时可以突发奇兵袭击敌军后背，这也是必胜之道。

22. 一年没有占领敌人一座城池，只要对大局没有妨碍，并不能说是一种过错。一个月内即使占领了敌人数座城池，敌人来进攻夺城时却不能应战，那么就不能说是立有战功。

23. 军队行军分批行走，每批相隔两天，每批两千人。如果前面的军队遇敌就先行作战，这不是必胜之道。应当在靠近敌人的地方，命令前军、中军、后军一块会合，齐心合力攻打，这样才能大获全胜。

24. 临阵的时候，分派不同功能的军队，就不要担心兵力分散；先前集合兵力的时候，则必须兵员充足，务求实力雄厚。

25. 荀悦论兵时，说："权谋不可预先料到，变机不可事先图谋，应该随着时间、情况的变化而变化。"这确实是用兵打仗极其重要的法宝。

26. 战场上的事情，自恃兵力强大往往是队伍散乱的先兆，而小心谨慎往往是胜利的兆头。

27. 军旅之事，小心谨慎为先。战阵之事，研磨筹划为上。因为兵机非常精深，不虚心求教，就不能领会其妙，怎么可以自以为是而非议别人呢？兵机非常灵活，不随时谨慎保密，就不能防范敌人，怎么可以粗心大意呢？

28. 侦察敌情必须准确、勤快、迅速，广泛访问以便采纳众议，深入思考以便审视敌情。敌军如果不分兵进犯，我军必须从他入境的地方，合力迎剿；敌人如果兵分几路来犯，那么我军必须派强军专剿敌军主力。

（以上胡林翼语）

29. 凡是善于下棋的人，每当遇到威逼紧急的危险棋局时，一面自救，一面破敌，往往像病树逢春开新花一样，转败为胜。善于用兵的人也是这样。

（以上曾国藩语，系蒋介石增补）

30. 平常千言万语，千算万计，但是得失成败仍然只在临阵的刹那之间。凡是出人意料的谋略和高人一着的计策，都要体现在平实之处，好比布帛菽粟这些五谷之类，越是显得浅易，就越是博大精深。凡事过于苛求完善，反而多有不妥之处。

（以上胡林翼语，系蒋介石增补）

诸葛亮草船借箭（《三国演义》插图）

31. 凡是情势危急的时候，只有在自己这方的力量才靠得住，人家的力量是万万不可靠的。依靠别人去防守，恐怕一旦面临危险，自己就先慌乱了；依靠别人去作战，恐怕他们要不就是猛然进攻，要不就是骤然溃退。

32. 凡是用兵，应当蓄积士气，永保不衰，留有余力。

（以上曾国藩语，系蒋介石增补）

曾、胡二公论兵，极力推崇主、客的说法。认为防守的军队为主，进攻的军队为客。如果守军以逸待劳，就会使得主方获胜而客方失败。他们最忌攻坚围城的战法。这种说法，与普法战争之前法国军事家所主张的观点差不多相同（当时，俄国与土耳其两国也盛行这种观点）。他们论出师前的准备，认为应当十分周到。他们认为，只要有一种兵械不精良，就不可轻率出兵；如果实力不够雄厚，也不可成行。与现在所提倡的军队动员、兵械准备，用意相合。他们以保全军队、击破敌人为作战上策，而并不在意占领多少土地、城池，这种见解尤其精到卓越，与东西方各国军事家所倡导的如出一辙。临阵分派兵力应当精悍，事先集结兵力应当雄厚这两句话，尤其精练地概括了战略战术的精妙之处。临阵分派兵力，就是确定主攻、助攻的部队，以及散兵、援兵、预备队的配置等等。事先集结兵力，就是战略上的聚中展开，以及战术上的分兵合击等等。曾、胡二公所论的这些方略，都是从亲身经历的战争实践中得来，与近代各国军事家所论述的观点非常吻合。我每当想起这些贤明的前辈，不能不顶礼膜拜啊。

（以上松坡评语）

【雅趣链接】

兵　机

所谓兵不厌诈，就是看你带兵打仗会不会讲究兵机韬略。现代最“奸”的是商人，古代最“奸”的是兵家，说的就是这回事。赤壁之战，曹操认为：“凡用火攻，必借东风，方今隆冬之际，但有西北风，安有东南风耶？”为防风浪颠簸，于是采取所谓“连环战船”的战术。聪明过人的诸葛亮知道民间有句谚语：“十月泥鳅翻肚皮，不等鸡叫东风起。”于是日夜观察泥鳅的动静、变化，最后还是借着威猛的东风、强劲的火势将曹营烧个片甲不留，大胜曹操。诸葛亮取胜的关键，就是借助了东风这个兵机。

第十二章 战 守

曾、胡用兵极重“战守机宜”，且看重主客之见。

---

1. 大凡出兵作战，有宜快速的，也有宜迟缓的。宜快速的，说的是我军主动去寻求敌人作战，先发制人。宜迟缓的，说的是敌人找上门来与我作战，我军以主待客。主方的士气是常静，客方的士气是常动，客方的士气先盛而后衰，主方的士气是先微而后壮。所以，善于用兵的人，总是喜欢做主方，不喜欢做客方。休、祁诸军，只知道有先发制人这一层意思，却不知以主待客的一层意思，再加上打探到的情报不确实，地势观察不清楚，敌情了解不明白，仅仅能够先发而不能制人。应当研究这两层意思，或者我去寻敌作战，先发制人；或者敌方来找我开战，我以主待客。总之，必须审时度势后才可行动，万万不可对这两层意思毫无主见，贸然出兵作战。

2. 部队行军，所到之处，必须多访问，多思考。自己勤于思考，经常问计他人，这都是好谋的实际表现。过去璞山带兵，很有名将风范。每当与敌军相遇，在即将交战的前一天晚上，总要传令各路营官齐集帐下，与他们畅谈敌情、地势，还从袖中拿出十多张地图，每人分给一张，让各位将领各抒己见，如何进兵，如何分派兵力，某营埋伏，而某营并不迎敌，只等战斗结束后，专去追剿敌人。各位将领一一说完，璞山才把自己的想法说出，然后给每人发一张传单，也就是已经议定的主意。第二天战斗结束后，有和当初议定主意不相符合的，即使作战中立有战功也必须受到一定的处罚。他平日无事时，每三天必传令各营官，讨论、熟悉战守的方法。

3. 安营扎寨和行军打仗，一是扎营应当选择比较深的沟谷或比较高的垒台。即使只住一宿，也必须做好坚不可摧的打算。只能把守营寨，安如泰山，即使不能进攻，也定能无损大局。二是要哨探严明。离敌军已经很近，就要时刻想到敌军会来偷袭。敌军突袭的道路，我军应战的道路，可以设埋伏的道路，打胜仗后追击逃敌的道路，都要一一探明，千万不可粗心大意。三是要痛下决心去除急躁冒进的习气。没有经历过战斗的士兵，每每喜欢言战，带兵的将领也是这样。如果稍有战争经历后，只觉得我军处处有空隙弱点，没有什么十足可依靠取胜的地方，就不敢轻易言战了。

4. 用兵以涉江渡水最难。不仅渡长江黄河难，即使偶尔渡过仅能淹没车辆的小河，或者宽仅丈二的小沟，也必须再三慎重考虑。唯恐渡到一半的时候，突遭敌军袭击，背水作战没有退路，溃退之兵争夺舟船，人马践踏落水。这些，都是兵家所忌讳的。

5. 在狭隘的路上打胜仗，关键是迎击敌人的先头部队。如果敌人的先头部队阵脚不稳，后面即使有能征善战的援军，也会被挤退。

（以上曾国藩语）

6. 攻战防守的要领，不可心中杂乱。心中杂乱就会士气不专注，精力不集中。

曾国藩故居富厚堂的大院(莫雅平 摄)

7. 交战时应当沉稳持重,进兵时应当行动迅速,稳扎猛打。事前集结好兵力,战时合理分派,这话完全概括了用兵的诀窍。

8. 战争这类事情,与其在境内防守,不如主动到境外去进攻。

9. 军事的关键,必须有所忍耐,才能有所补益;必须有所舍弃,才能有所保全。倘若处处设防,即使有十万大军,也不会有多少功效。

10. 防守边境的关键,不可处处设防。如果处处设防,兵力必然分散,既不能战,又不能守。只有选择那些势所必争的紧要地方,集结雄厚兵力严加把守,就能够做到防守稳固了。

11. 碉堡关卡的设置,原本是为了节省兵力,给地方官吏以据险慎守的手段。如果有需要守卫的地方却没有守卫的人,即使是天堑也不可靠;有守卫的人却没有守卫的器具,即使是再称职的勇士、谋臣,也无法发挥他们的优势。

12. 部署了进攻作战的军队,后方就必须留有军队作防守。

假如以十营的兵力作先锋为战兵，就必须预备五营的兵力留守作守兵。那些留守后方的兵力，尤其需要安排智勇双全的劲旅。战斗结束后，他们的功劳与前锋应该一样，不能因为争夺眼前的小功，而贻误了大局。

13. 部署了围攻城池的兵力，还必须预先另外安排进攻作战的兵员。部署了临阵打仗的兵力，还必须安排一支精锐部队，或者预防敌军背后包抄，或者准备策应部队进攻。

14. 占据险要的地方安营扎寨，加高城墙，加深护城河，固然是很重要的事情。但更重要的是，必须严格约束士兵，不得去骚扰百姓。还必须时不时地操练部队，使他们步伐整齐，技艺精熟，这样进攻或防守都能够应对了。

（以上胡林翼语）

上面所揭示的战守之法，言简意赅。攻战，守战，遭遇战，局地战，以及防守边境的策略，攻打城池的战术，无不独具卓识，得其要领。虽然近代战术日新月异，然而大抵不外乎这些。曾、胡二公在谈到夜间宿营时，强调必须深沟高垒，做好坚不可摧的准备。防御的严密，立意的稳健，尤为近代兵家所未论及。（按：咸丰、同治时期的战争双方，多是不规则的混战，来去迅猛，难以揣摩，因此扎营务求坚固，以防突然侵袭。）

曾、胡二公论兵，很是看重主、客之见。只知防守则对主方有利，不知防守反而会对主方有害。这是因为当时所面对的敌人，并不是操控有方的军队，也不是精心训练的士兵，而且敌方的人数常常几倍于我方。况且，当时的兵器没有今天先进，还没有骑兵和炮兵两支部队的编制，消息也不灵通，攻击能力非常薄弱。所以，往往受地形、地物的限制，士兵攻击的精神难以激奋。曾、胡二公的战术之所以偏重于攻击防御，大概也是因时制宜的法则。

近代自普法战争、日俄战争以后，全世界耳目一新，攻击战的优势十分明显。各国的军事家，只要一提到战略战术，都极端地主张攻击。如果不是因为兵力较弱，或者地势、敌情特殊的缘故，就几乎没有考虑使用防守这一计谋的了。然而，战略战术必须因时制宜，仔细审时度势，寻求妥当决策，不能拘泥于教条。如果不好好揣摩自己的实际情况，只去考虑效仿别人，势将如跛足的人去参加赛跑竞赛，很少有不摔跤的。用兵的策略采取攻势，固然是对的。但是，必须兵力雄厚，士马精练，军资（军需器械）完善，交通便利。这四个条件都可依赖时，才能够保证稳操胜券。这四个条件中，偶尔有一个不具备，贸然采取攻势，这就是曾公所说的徒劳先发而不能制人的情况。在普法战争中，法国的边防部队动员非常迅速，就是因为兵力未能全部集结，军需物资也有匮乏之忧，以致着着落后，陷入了被动防守的地位。在日俄战争中，俄军由于交通线仅仅依赖一条单轨铁路，军需和兵力运输不能及时供给，因而屡次被占据优势的日军所制伏。虽然多次努力，想转守为攻，最终不能奏效。

从我国军队的现状来看，数量有二十余镇之多，然而续备军、后备军制度还没有实行。每镇临战时，最多不过有五千士兵能上战场。照此计算，我们必须有三镇以上的兵力，才能与别人一镇的兵力相抗衡。而且一旦有了伤亡，就无从补充。在兵力这一方面，我们绝对难以像邻国那样雄厚。今天我国的军队，能不能说精练二字，只要稍懂军事的人自己就能分辨。将来一旦与强大的邻邦交战，我军能否为国效力，似乎又难以作侥幸万一取胜的幻想。至于军资、交通两方面，我们更是远远落后于列强，望尘莫及。在这样一种情况下，去讨论我军将采取战略战术上最有利的攻势，哪里来的可能呢？我认为，在数年之内，如果我们与其他国家兵戎相见，与其采取孤注一掷的举动，不如采用波亚战术，据险以守，节节为防。主要是保存好自己的实力，以持久战术，拖疲敌军，等他们孤军深入，后援不继时，再一举歼灭他们。当年，俄国军队驱除拿破仑于国门之外，使所向披靡的法军一蹶不振，可以值得我们好好借鉴啊。

（以上松坡评语）

外人以铁道侵略中国之危象（选自 1908 年《神州日报》，马星驰作）

【雅趣链接】

毛泽东的“十大军事原则”

这是毛泽东指导军队作战的基本方略，融会贯通了历代军事思想的精华，其核心是强调集中优势兵力打歼灭战。①先打分散和孤立之敌，后打集中和强大之敌。②先取小城市、中等城市和广大乡村，后取大城市。③以歼灭敌人有生力量为主要目标，不以保守或夺取城市和地方为主要目标。保守或夺取城市和地方，是歼灭敌人有生力量的结果，往往需要反复多次才能最后地保守或夺取之。④每战集中绝对优势兵力（两倍、三倍、四倍，有时甚至是五倍或六倍于敌之兵力），四面包围敌人，力求全歼，不使漏网。在特殊情况下，则采用给敌以歼灭性打击的方法，即集中全力打敌正面及其一翼或两翼，求达歼灭其一部，击溃其另一部的目的，以便我军能够迅速转移兵力歼击他部敌军。力求避免打那种得不偿失的或得失相当的消耗战。这样，在全体上，我们是劣势（就数量来说），但在每一个局部上，在每一个具体战役上，我们是绝对的优势，这就保证了战役的胜利。随着时间的推移，我们就将在全体上转变为优势，直到歼灭一切敌人。⑤不打无准备之仗，不打无把握之仗，每战都应力求有准备，力求在敌我条件对比下有胜利的把握。⑥发扬勇敢战斗、不怕牺牲、不怕疲劳和连续作战（即在短期内不休息地接连打几仗）的作风。⑦力求在运动中歼灭敌人。同时，注重阵地攻击战术，夺取敌人的据点和城市。⑧在攻城问题上，一切敌人守备薄弱的据点和城市，坚决夺取之。一切敌人有中等程度的守备而环境又许可加以夺取的据点和城市，相机夺取之。一切敌人守备强固的据点和城市，则等候条件成熟时然后夺取之。⑨以俘获敌人的全部武器和大部人员，补充自己。我军人力物力的来源，主要在前线。⑩善于利用两个战役之间的间隙，休息和整训部队。休整的时间，一般不要过长，尽可能不使敌人获得喘息的时间。

第十三章　治　心

曾氏认为“自修之道，莫难于养心”，主张“以志帅气”。后附忮求诗二首和日课四条，也都是讲的养心修身之道。

---

1. 修身养性，道理不必太多，知识也不必太杂，切身相关且朝夕用得着的，即使要有也不过一两句，就是我们所常说的守约。

2. 凡是重病缠身的人，可以依靠个人自身力量来医治的方法，大概有二：一是以坚强的意志振作精神；二是以静制动来消除妄想。人疲惫不堪而振作不起来，是因为精神衰弱。然而，意志坚强的人，精神也会随之改变。比如，恋贪早睡，就立志早起，必然能够早早起床；又如，百无聊赖，就端正而坐，自然会凝神聚气。这就是以坚强意志振作精神的办法。久病在身必然气虚胆怯，贪生怕死的念头经常困扰心中，就是在梦里也不能好好安下心来。必须将生前的名利，死后的事情，以及一切虚妄的想法，全部扫除干净。这样，自然会心情恬淡，神志豁然，在气定神闲之余，真阳之气自生。这就是以静制动的方法。

3. 身处逆境，不可忧心忡忡，要泰然处之，尽心排遣，最终会踏上平坦的光明道路。

4. 只有心安定下来，气才能安定下来，精神也才会安定，最终身体也就得到安定了。

5. 古代能成大事的人，都是从高远处立志，从细微处用功，二者缺一不可。

6. 我反思自己，近年来办事得力，靠的是“悔”字诀。我过去比较自负，以为自己本领很大，能屈能伸，可行可藏，又经常挑别人家的不是。自从丁巳年戊午大悔大悟之后，才知自己没有多大本事，凡事都觉得人家总有几分对的地方。自戊午至今，已有九年了，我待人处世与四十岁以前，已非常不同。大概已经能够做到以能立能达为体，以不怨不尤为用。立，就是发奋图强，站得住；达，就是办事圆融，行得通。

7. 不能效仿圣贤，就如同禽兽。不要去考虑将来收获怎样，只需现在埋头勤奋耕耘。

8. 古人办事，也有别人牵制阻挠的地方，也有不顺心遂意的时候。这样的事情世世都有，人人难免。痛恨别人违背自己的心意，一定要别人顺从自己，便设法铲除异己，这是有权势的奸人行径。听任别人违背自己，而隐忍容让，委曲求全，忧国忧民，以除外患保家国为虑，这才是圣贤的用心啊！借助别人的违背，来磨砺我的德性，这还差不多呢！

9. 与胡中丞（胡林翼）商议江南军事，胡中丞说凡事都要全神贯注，一心二用必然不会成功。我则说，军事上每天不能取得进步，实际上就是每天在退步。我们两人相互赞许，认为这都是明智之言。

胡林翼画像（吴友如 作）

10. 在研究事物的发端变化上下功夫，最为紧要。颜子未尝不知自己的不足，靠的是研究。周子说，研究能明了善恶。《礼记·中庸》中说，问题和苗头虽然潜伏很深，也能见微知著。刘念台说，猜测他动的什么念头，就可以知道他会干什么。这些，说的都是研究的功用。如果不掌握研究的方法，不能洞察事物发展变化的情况，就心放难收了。

11. 诵读《孟子·养气章》，心中似乎有所领会，愿终身以孟子为师，即使颠沛流离，却有孟夫子须臾不离，时刻在前指引我。也许到死的时候，可以仰希万一。

12. 人的神明好比太阳东升，人的身体则好比方鼎立地，这两句话应当遵守。只有心静到极点，就是所谓身心处于未曾萌动的时候，做到身体寂然不动。然而，这样也未能体验出真正的意境。只是闭藏到了极点，才能招引出一点生气来，如同冬至时节的一阳初动。固守自己的原则，是为了保持初衷；惊蛰破土，是为了开启春天；谷物的坚实，是为了来年播种。然而，不能作为种子的谷物，就不能说是坚实的谷物。这里面并没有满腔的生机。如果世间万物生生息息始终存乎心中，就不可以说达到了至静的境界。但是，静极生阳，大概是为了萌发春意而保存一点生物的仁心罢了。一切气息静极，而仁心不息，就是天地间的至诚之心啊。颜子三月不违仁心，也可以说是洗心退藏，在静极境界体会真正快乐的人了。

13. 我们求静，若要与佛教的入定不同，进入那种难以言表的冥然意境，就必须用心体验，如果产生所谓的一阳初动，有了万物资始，生生不息皆存乎心中的感觉，这样才可以说是静极了，可以说是心中没有一点尘念的寂然不动之体了。不然的话，深深地封闭自己，顽固拒绝万物，心如死灰，自认为是静，而生理上的机能几乎窒息了，更何况他并没有极静呢？一有什么干扰，不又是心中往来摇曳不定了吗？我深入观察世间的一般规律，相信大概是阴的东西先生于阳的东西。当然，这并不是我亲身实践体验来的，终究不过是浮光掠影之谈啊。

14. 自我戒惧而严格要求自己，以达到至静的境界，虽然很少偏倚，自守不失本心，就进入了《中庸》所说的“天地位”境界。这种安静的样子，就是由动而静。自我慎独且潜心修行，以至在待人接物方面，极少差错，没有不合适、不正确的地方，就进入了《中庸》所说的“万物育”的境界。这种恭敬的样子，是由静到动。

15. 天行健，君子以自强不息；地势坤，君子以厚德载物。颐，指君子慎于言语，节制饮食；损，指君子宽以待人，克制贪欲；益，指君子善于求教，闻过则改；鼎，指君子严明序齿，尊长怜幼。这六卦大象，最切合于人。“颐”可以用来强身健体，“鼎”可以用来修心养性，这二卦大象尤其重要。

16. 读书之道，早上明白真理了，夜晚就是死了也无遗憾，这其实是很不容易的。探求真理的人，必须真正地理解真理要义，并且信奉真理。我们自己不能相信自己，心中已经没有把握，怎么能够去探求真知呢？

17. 我平生略述先儒们的书，发现圣贤教人修身，千言万语，而“不忮不求”这条最为紧要。忮，是嫉贤害能、妒功争宠的意思，说的是自己懒惰不能修身立业，却又嫉妒害怕别人修身立业的这么一类人。求，是贪利图名、不思进取的意思，指的是没能得到却想设法得到，得到了却又害怕失去的这类人。妒贤害能、妒功争宠的人，并不常见，一般发生在名望、事业相当，势力、地位相等的人身上；贪利图名、不思进取的人，也不常见，一般发生在金钱交往、官位进阶相互有所妨碍的时候。

曾国藩所书对联

18. 要想造福人世，先要克服“忮”心，就是我们所说的为人要全无贪欲、害人之念，这样才“仁”不可胜用。要想树立品行，先要克服“求”心，也就是我们所说的为人不可患得患失，不能心生窃意，这样才“义”不可胜用。“忮”心不去，满心都是害人的歹意；“求”心不去，心灵就会日渐卑污。我对这两种心思，时常加以克制，只是痛恨自己未能克服净尽。你们要想心地干净，应当在这两方面痛下功夫，并希望后辈子孙世世代代勉力戒此二心。下面将我所作的忮求诗二首抄录于后：

不　忮

善莫大于恕，德莫凶于妒。
妒者妾妇行，琐琐奚比数。
己拙忌人能，己塞忌人遇。
己若无事功，忌人得成务。
己若无党援，忌人得多助。
忌位苟相敌，畏逼又相恶。

己无好闻望，忌人文名著；
己无贤子孙，忌人后嗣裕。
争名日夜奔，争利东西骛。
但期一身荣，不惜他人污。
闻灾或欣幸，闻祸或悦豫，
问渠何以然？不自知其故！
尔室神来格，高明鬼所顾，
天道常好还，嫉人还自误，
幽明丛诟忌，乖气相倚伏，
重者栽汝躬，轻亦减汝祚。
我今告后生，悚然大觉悟，
终身让人道，曾不失寸步，
终身祝人善，曾不损尺布，
消除嫉妒心，普天零甘露，
家家获吉祥，我亦无恐怖。

不　求

知足天地宽，贪得宇宙隘，
岂无过人姿，多欲为患害。
在约每思丰，居困常求泰，
富求千乘车，贵求万钉带。
未得求速赏，既得求勿坏。
芬馨比椒兰，磐固方泰岱。
求荣不知厌，志亢神愈忲，
岁燠有时寒，日明有时晦。

时来多善缘，运去生灾怪。
诸福不可期，百殃纷来会。
片言动招尤，举足便有碍。
戚戚抱殷尤，精爽日凋瘵。
矫首望八荒，乾坤一何大，
安荣无遽欣，患难无遽憝。
君看十人中，八九无倚赖。
人穷多过我，我穷犹可耐。
而况处夷涂，奚事生嗟气？
于世少所求，俯仰有余快，
俟命堪终古，曾不愿乎外。

曾国藩雕像（肖玉叶 摄）

19. 附录：日课四条

第一条，慎独则心安。自修之道，最难的是养心。心中既然知道自己有善有恶，却不能扎实用功，尽力去恶扬善，这可以说是自己欺骗自己。心里是否自欺，大概别人是不知道的，只有自己才知道。所以，《大学》一书在“诚意”一章里，两次说到慎独。如果能够做到好善如同喜好女色，厌恶如同讨厌恶臭一样，尽力去物欲而存天理，那么《大学》中所说的自慊，《中庸》中所说的戒慎恐惧，都能切实做到了。这样，也就达到了曾子所说的屈伸自如，孟子所说的俯仰无愧天地的境界。所谓养心，没有比寡欲更好了，一切都不外乎如此。所以，能够慎独，则自我反省不会心感内疚，上可正对天地，下可责问鬼神，断然不会有因为愧怍于心的行为而气馁的时候。人的心里没有一件让人感到愧疚的事，就会处之泰然，心中常感畅快、宽松、平和，这是人生第一自强之道，第一寻乐之法，第一守身之方。

第二条，主敬则身强。“敬”这个字，孔子、孟子经常用来教育人，春秋时的士大夫，也常常说到它。到宋代的程、朱，则千言万语，都不离“敬”的意旨。内心专静纯一，外表则整齐严肃，这就是敬的功夫。出门要如同是会见重要的客人，役使百姓也要像参加隆重的祭祀大礼，这就是敬的气象。修己以安定百姓，笃恭则天下太平，这就是敬的效验。程子说，举国上下满怀恭敬，那么天地自归其位，万物自然生长，天灾不仅不会出现，还会带来吉祥如意的天兆。人的聪明睿智，都会由此产生，凭此可敬奉上天。这大概说的是，人一恭敬就具备了所有的美德。我认为，“敬”对人最实在的功效，主要是能使人精神焕发，保持身体健康。人一庄重恭敬，身体就越来越强，人一安逸放肆，身体就越来越亏，这都是自然的应验和现象。试想，即使是年衰多病之躯，但一遇到坛庙祭祀等重大活动的时候，或者身处战阵的危急时刻，也会不自觉地精神为之一展，气为之一振，这就足以证明“敬”能够使人身体强壮了。如果不管人多人少，不管事大事小，都做到一一恭敬，不敢松懈怠慢，那么身体的强健，又有什么值得怀疑的呢？

第三条，求仁则人悦。大凡人的出生，都是得天地之理而成个性，得天地之气而成形体。我与百姓及世间万物，从根本上来说是同出一源。如果只知道照顾自己而不知道同情天下百姓，热爱世间万物，那么就有悖常理，忘记自己的根本了。至于做了大官，享受优厚的俸禄，高居万人之上，就要有拯救百姓饥寒痛苦的责任。读圣贤之书，效法古人，粗略知道大义，便要有自己觉悟之后，开导尚未觉悟之人的责任。如果只知道自我完善，却不知道教养百姓，就十分辜负了上天厚待我们的恩德。孔子及其门生教人，最重要的就是教育人们培养仁恕之心，而其中最切实际的莫过于这几句，自己欲成就事业，先要帮助别人成就事业；自己欲显达，先要帮助别人显达。欲成就事业的人，对自己能否成功是不用担心的，就好比富人百样皆有，富足有余，不需求借外人一样；欲显达的人，发达的途径很多，没有走不通的路，就好比达官显贵，登高一呼，四处就会有人响应。谁不想自己成就事业，飞黄腾达啊？如果推己及人，能够帮助别人也成就事业，也显达起来，那么，就与世间万物一样互相繁荣，共同发展了。后世论述追求仁道，以张载的《西铭》最为精当。他认为向同胞百姓与世间万物推行仁道，广济天下，都是敬事上天之人理所当然的事。只有这样，才可以说得上是一个真正的人；不这样做，则违背道德，只能算是一个贼。如果人们真的如张载所说的那样，即使帮助天下的人都建功立业，都飞黄腾达，而自己却未曾有半句抱怨辛劳的言语，那么还有谁能不高兴，不真心归附他的呢？

孔子画像

第四条，习劳则神钦。人之常情，没有不好逸恶劳的。不论贵贱、智愚、老少，都贪图安逸，害怕劳苦，从古至今都是这样。一个人每天所穿的衣，所吃的饭，与他每天所做的事、所出的力相称，那么旁人不会责怪他，连鬼神都会赞同他，认为他是自食其力。你看那些种田的农民，织布的妇女，辛苦劳动一年不过收获几石粟、几尺布；而富贵人家，终年逸乐，不必亲自经营劳作，但吃的是山珍海味，穿的是绫罗绸缎，还豢养了很多奴才，高枕而眠，一呼百应。这是天下最不公平的事情，鬼神都不允许的。这样的事能够长久存在下去吗？古代的圣君贤相，为百姓日夜操劳，废寝忘食。比如商汤黎明即起，文王忙得连吃饭也顾不上，周公夜不成寐，坐以待旦，他们无时无刻不以勤劳激励自己。《无逸》这个篇章推论说，人若勤劳，便会长寿，人若纵于逸乐，便会夭亡，屡试不爽。为自己着想，则必须操习技艺，磨炼筋骨，总要以求知解惑来勉励自己不断学习和实践，居安思危，处心积虑，这样才会增长智慧，增长才识。为天下着想，则必须自己挨饿受冻，苦其心志，劳其筋骨，只要有一人没有收获，就应当视作自己的罪过。当年大禹治水,辛劳十余年之久,三过家门而不入;墨子摩顶放踵,为的是以利天下。他们都是极其苛刻、节俭地对待自己,却极其辛苦、勤劳地去拯救百姓。所以荀子极端赞美大禹、墨子的品行,也是因为他们勤劳的缘故。自从兴办湘军以来,我每见到有一技之长,能够忍受艰难困苦的人,都要使他能得到任用,使他能得到世人的称赞。那些没有才能,没有一技之长,又不习惯勤劳的人,则会被世人所唾弃,哪怕让他挨饿受冻死去也活该。因此,劳动的人便会长寿,纵逸的人就会夭亡;人勤劳了,就会锻炼出才能,就会为人所用;人一旦贪图逸乐,就会无才无能,遭人唾弃。勤劳,便能普济众生,就是神祇也钦佩仰慕;纵逸,则对百姓毫无用处,连神鬼都不会稀罕他。所以,君子若要百姓和神祇都仰慕、依赖和拥戴他,最重要的就是要习于劳苦,勤于作为。

(以上曾国藩语,系蒋介石增补)

【雅趣链接】

曾国藩的"忍经"

曾国藩深得外藏内敛的百忍之道,一生认真琢磨"忍经",在收敛低调中做人,在挫折屈辱中做事,在巧与周旋中攀升。但他不是一味强忍,而是善忍、会忍,当忍则忍,不该忍则坚决不忍。对皇上、太后,以及满蒙亲贵的猜疑、排挤、冷落、出尔反尔和种种不公,他在心里百般愤懑,嘴里却不说,一忍到底,然而对误国误军、贪婪无度而又加害于他的人,则"是可忍,孰不可忍",拍案而起,势不两立。高潮时削去波峰,低潮时填平谷底,在起起落落的人生中,他借一个"忍"字成就辉煌。

清军抗英图

第二部分　曾胡治兵语录(原文)

原　序

蔡　锷

辛亥之春，余应合肥李公之召，谬参戎职。时片马问题纠葛方殷，瓜分之谣诼忽起，风鹤频惊，海内骚然。吾侪武夫，惟厉兵秣马，赴机待死耳，复何暇从事文墨，以自溺丧？乃者统制钟公有嘱编精神讲话之命，余不得不有以应。窃意论今不如述古，然古代渺矣，述之或不适于今。曾、胡两公，中兴名臣中铮佼者也，其人其事，距今仅半世纪。遗型不远，口碑犹存，景仰想象，尚属匪难。其所论列，多洞中窍要，深切时弊。爰就其治兵言论，分类凑辑，附以按语，以代精神讲话。我同胞列校，果能细加演绎，身体力行，则懿行嘉言，皆足为我师资，丰功伟烈，宁独让之先贤？

宣统三年季夏　邵阳蔡锷识于昆明

重版序

梁启超

松坡既死于国事，越一年，国人刊其遗著《曾胡治兵语录》行于世。世知松坡之事功，读此书，可以知其事功所由来矣。自古圣贤豪杰，初未尝求见事功于当世也。惟其精神积于中，著于外，世人见之，以为事功耳。阅世以后，事功或已磨灭，而精神不敝，传之后世，遭际时会，此精神复现为事功焉。松坡论曾、胡二公之事，谓其为良心血性二者所驱使，则松坡之事功，亦为此良心血性所驱使而已。曾、胡二公，一生竞竞于存诚去伪，松坡于此，尤阐发不遗余力。精诚所至，金石为开，二公屡言之，松坡亦屡述之。二公之言，不啻诏示松坡，使其出生死，冒危难，掬一诚以救天下之伪。则虽谓松坡之事功，皆二公之事功可也。松坡自谓身膺军职，非大发志愿，以救国为目的，以死为归属，不足渡同胞于苦海，置国家于坦途。今松坡得所归矣，而救国志愿，曾未达其万一。护国军之起，仅使民国生死肉骨。如大病方苏，元气已伤，将养扶持，所需于事功者，正复无限。来者不可见，惟恃此耿耿精神，常留存于吾国民隐微之间，可以使曾、胡复生，使松坡不死，以解除日后之千灾百难，超苦海而入坦途。而此语录十余章，实揭吾国民之伟大精神以昭兹来许者也。

民国六年四月　新会梁启超序

蔡锷墓庐(莫雅平 摄)

第一章　将　材

1. 带兵之人，第一要才堪治民，第二要不怕死，第三要不急急名利，第四要耐受辛苦。治兵之才，不外公明勤。不公不明，则兵不悦服；不勤，则营务巨细，皆废弛不治，故第一要务在此。不怕死，则临阵当先，士卒乃可效命，故次之。为名利而出者，保举稍迟则怨，稍不如意则怨，与同辈争薪水，与士卒争毫厘，故又次之。身体羸弱者，过劳则病，精神短乏者，久用则散，故又次之。四者似过于求备，而苟阙其一，则万不可带兵。故吾谓带兵之人，须智深勇沉之士，文经武纬之才，数月以来，梦想以求之，焚香以祷之，盖无须臾或忘诸怀。大抵有忠义血性，则四者相从以俱至；无忠义血性，则貌似四者，终不可恃。

2. 带兵之道，勤恕廉明，缺一不可。

（以上曾国藩语）

3. 求将之道，在有良心，有血性，有勇气，有智略。

4. 天下强兵在将。上将之道，严明果断，以浩气举事，一片肫诚；其次者，刚而无虚，朴而不欺，好勇而能知大义。要未可误于矜骄虚浮之辈，使得以巧饰取容，真意不存，则成败利钝之间，顾忌太多，而趋避愈熟，必至败乃公事。

5. 将材难得，上驷之选，未易猝求。但得朴勇之士，相与讲明大义，不为虚骄之气，夸大之词所中伤，而缓急即云可恃。

6. 兵易募而将难求。求勇敢之将易，而求廉正之将难。盖勇敢倡先，是将帅之本分，而廉隅正直，则粮饷不欺，赏罚不滥，乃可固结士心，历久常胜。

7. 将以气为主，以志为帅。专尚驯谨之人，则久而必惰；专求悍鸷之士，则久而必骄。兵事毕竟归于豪杰一流，气不盛者，遇事而气先慑，而目先逃，而心先摇。平时一一禀承，奉命惟谨，临大难而心中无主，其识力既钝，其胆力必减，固可忧之大矣。

（以上胡林翼语）

8. 古来名将，得士卒之心，盖有在于钱财之外者。后世将弁，专恃粮重饷优，为牢笼兵心之具，其本为已浅矣。是以金多则奋勇蚁附，利尽则冷落兽散。

9. 军中须得好统领[①]营官。统领营官，须得真心实肠，是第一义。算路程之远近，算粮仗之缺乏，算彼己之强弱，是第二义。二者微有把握，此外良法虽多，调度虽善，有效有不效，尽人事以听天而已。

10. 璞山[②]之志，久不乐为吾用，且观其过自矜许，亦似宜于剿土匪，而不宜于当大敌。

11. 拣选将材，必求智略深远之人，又须号令严明，能耐劳苦，三者兼全，乃为上选。

（以上曾国藩语）

---

① 统领：清军的官制，统兵二营以上的兵头叫做统领。

② 璞山：即王璞山，名王鑫。他在湖南湘乡首办团练，著有《练勇刍言》，后来成为湘军名将。在江西吉安与太平军交战时，由于没打一场胜仗，竟然郁闷而死。

12. 李忠武公续宾[1]，统兵巨万，号令严肃，秋毫无犯，湖南、湖北、安徽、江西、浙江等省官民，无不争思倚重。其临阵安闲肃穆，厚重强固，凡遇事之难为，而他人所畏怯者，无不毅然引为己任，其驻营处所，百姓欢忭，耕种不辍，万幕无哗，一尘不惊。非其法令之足以禁制诸军，实其明足以察情伪。一本至诚，勇冠三军，屡救弁兵于危难。处事接人，平和正直，不矜不伐。

13. 乌将军兰泰[2]，遇兵甚厚，雨不张盖，谓众兵均无盖也。囊无余钱，得饷尽以赏兵。

14. 兵事不外奇正二字，而将材不外智勇二字，有正无奇，遇险而覆，有奇无正，势极即阻。智多勇少，实力难言，勇多智少，大事难成。而其要以得人为主。得人者昌，失人者亡。设五百人之营，无一谋略之士，英达之材，必不成军；千人之营，无六七英达谋略之士，亦不成军。

15. 统将须坐定能勇敢不算本领外，必须智足以知兵，器识足以服众，乃可胜任。总须智勇二字相兼。有智无勇，能说而不能行；有勇无智，则兵弱而败，兵强亦败；不明方略，不知布置，不能审势，不能审机，即千万人终必败也。

16. 贪功者决非大器。

17. 为小将须立功以争胜，为大将戒贪小功而误大局。

（以上胡林翼语）

---

① 李续宾：字克惠，湘军名将，咸丰八年殉命三河，谥忠武。此人长得牛高马大，武大三粗，据说能挽三石弓。与罗泽南、王璞山等同为曾、胡湘军创始人，都属曾国藩嫡系。

② 乌兰泰，清朝将领，满洲正红旗人，1851 年春奉命帮办广西军务，曾围剿太平军，屡屡得手。后与太平军战于桂林将军桥，被太平军击伤，退至阳朔并死于此地。

18. 打仗不慌不忙，先求稳当，次求变化，办事无声无臭，既要精到，又要简捷。

19. 俭以养廉，直而能忍。

20. 为政之道，得人治事，二者并重。得人不外四事，曰广收，慎用，勤教，严绳；治事不外四端，曰经分，纶合，详思，约守。

（以上曾国藩语，系蒋介石增补）

古人论将有五德，曰：智信仁勇严。取义至精，责望至严，西人之论将辄曰“天才”，析而言之，则曰天所特赋之智与勇。而曾胡两公之所同倡者，则以为将之道，以良心血性为前提，尤为扼要探本之论，亦即现身之说法。咸同之际，粤寇[①]蹂躏十余省，东南半壁，沦陷殆尽，两公均一介书生，出身词林[②]，一清宦，一僚吏，其于兵事一端，素未梦见，所供之役，所事之事，莫不与兵事背道而驰，乃为良心血性二者所驱使，遂使其“可能性”发展于绝顶，武功烂然，泽被海内。按其功事言论，足与古今名将相颉颃而毫无逊色。得非精诚所感，金石为开者欤？苟曾胡之良心血性，而无异于常人也，充其所至，不过为一显宦，否则亦不过薄有时誉之著书家，随风尘以殓瘁已耳，复何能崛起行间，削平大难，建不世之伟绩也哉！

（以上松坡评语）

---

① 粤寇：清朝统治者对太平军的蔑称。

② 词林：即翰林，据考翰林院始设于唐。唐玄宗在社会上广招各种人才，士、僧、卜、祝、术、艺、书、弈等各色人才都有，后为供养这些人才专设一机构，称翰林院，这些多才多艺的人就叫翰林。后世朝代沿用此法招揽人才，并与科考接轨。明朝时翰林院负责皇帝和朝廷的日常工作，地位很高，有“非进士不入翰林，非翰林不入内阁”之说。

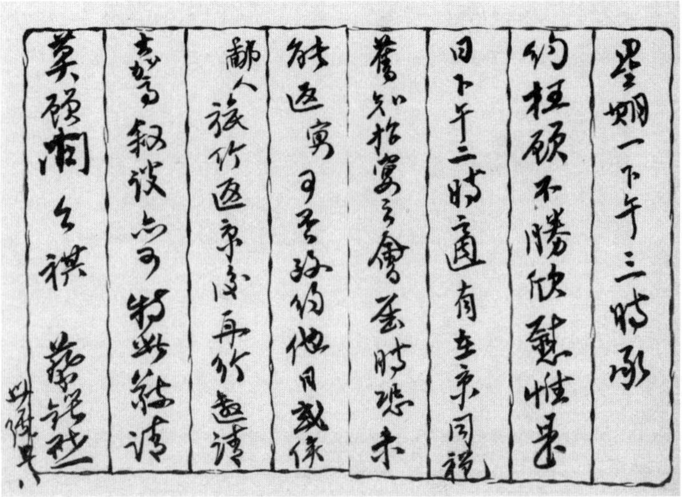

星期一下午三時承
約往顧不勝欣慰惟是
日下午二時適有在京同鄉
舊知於寓之會茲時恐未
能返寓可否改約他日或係
鄙人旅行返京後再行邀請
暢敘談亦可特此敬請
英頤閣台祺　蔡鍔拜

蔡锷手书

第二章　用　人

1. 今日所当讲求，尤在用人一端。人才有转移之道，有培养之方，有考察之法。

2. 人才以陶冶而成，不可眼孔太高，动谓无人可用。

3. 窃疑古人论将，神明变幻，不可方物。几于百长并集，一短难容。恐亦史册追崇之词，初非预定之品。要以衡材不拘一格，论事不求苛细，无因寸朽而弃连抱，无因数罟以失巨鳞，斯先哲之恒言，虽愚蒙而可勉。

4. 求人之道，须如白圭①之治生，如鹰隼之击物，不得不休。又如蚨②之有母，雉之有媒，以类相求，以气相引，庶几得一而可及其余。大抵人才约有两种，一种官气较多，一种乡气较多。官气较多者，好讲资格，好问样子，办事无惊世骇俗之象，言语无此妨彼碍之弊。其失也，奄奄无气，乃遇一事，但凭书办家人之口说出，凭文书写出，不能身到心到口到眼到，尤不能苦下身段，去事上体察一番。乡气多者，好逞才能，好出新样，行事则知己不知人，言语则顾前不顾后，其失也，一事未成，物议先腾。两者之失，厥咎惟均。人非大贤，亦断难出此两失之外。吾欲以“劳苦

---

① 白圭(前 370—前 300)：名丹，战国时著名的经济学家，《汉书》称他是“天下言治生者祖”。他很早就提出农业经济循环说，弄了一套经商发财的“治生之术”，主张国家安定后，就要把工作重点转到以经济建设为中心的轨道上来。他说：“吾治生产，犹伊尹、吕尚之谋，孙吴用兵，商鞅行法是也。”

② 蚨：一种昆虫，像蚕但稍微大一点，一般在草丛里生儿育女。《搜神记》中载：“南方有虫，名青蚨，大如蚕子。取其子，母即飞来。”

忍辱”四字教人，故且戒官气而姑用乡气之人。必取遇事体察、身到心到口到眼到者。赵广汉[①]好用新进少年，刘晏[②]好用士人理财，窃愿师之。

（以上曾国藩语）

5. 一将岂能独理？则协理之文员武弁，在所必需。虽然，软熟者不可用，谄谀者不可用，胸无实际、大言欺人者不可用。

6. 营官不得人，一营皆成废物；哨官不得人，一哨皆成废物；什长不得人，十人皆成废物。[③] 滥取充数，有兵如无兵也。

7. 选哨官、什长，须至勇至廉。不十分勇，不足以倡众人之气；不十分廉，不足以服众人之心。

8. 近人贪利冒功，今日求乞差使，争先恐后，即异日首先溃散之人。屈指计之，用人不易。

9. 人才因求才者之智识而生，亦由用才者之分量而出。用人如用马，得千里之马而不识，识矣而不能胜其力，则且乐驽骀之便安，而斥骐骥之伟骏矣。

10. 古之治兵，先求将而后选兵。今之言兵者，先招兵而并不择将，譬之振衣者，不提其领而挈其纲，是棼之也，将自毙矣。

---

① 赵广汉：字子都，西汉名臣。先以廉洁和礼贤下士出名，后以执法不避权贵传名后世。他因处置豪门权贵，调任长安京兆尹才五天就被朝廷腰斩。所以，后人称他“五日京兆尹”和“华夏第一京兆”。宋太祖赵匡胤认为这个同姓先辈不错，还把他认作自己的祖宗。

② 刘晏(715—780)：字士安，唐朝著名的经济学家。曾任吏部尚书、同平章事。据说，他自幼聪颖过人，《三字经》里夸奖他：“唐刘晏，方七岁，举神童。”

③ 营、哨为清军部队编制，五百人为一营，一营分三哨；三百人为一旗，一旗也分三哨；五人为伍，十人为什。

（以上胡林翼语）

11. 无兵不足深忧，无饷不足痛哭，独举目新世，求一攘利不先、赴义恐后、忠愤耿耿者，不可亟得。此其可为浩叹也。

12. 专从危难之际，默察朴拙之人，则几矣。

13. 人才非困厄则不能激，非危心深虑则不能达。

（以上曾国藩语，系蒋介石增补）

14. 非知人不能善其任；非善任不能谓之知人；非开诚心布公道，不能尽人之心；非奖其长护其短，不能尽人之力；非用人之朝气，不能尽人之才；非令其优劣得所，不能尽人之用。

（以上左宗棠语，系蒋介石增补）

身穿黄马褂的左宗棠

曾谓人才以陶冶而成，胡亦曰人才由用才者之分量而出，可知用人不必拘定一格，而熏陶裁成之术，尤在用人者运之以精心，使人人各得显其所长，去其所短而已。窃谓人才随风气为转移，居上位者有转移风气之责，因势而利导，对病而下药，风气虽败劣，自有挽回之一日。今日吾国社会风气败坏极矣，因而感染至于军队，以故人才消乏，不能举练兵之实绩。颓波浩浩，不知所届，惟在多数同心共德之君子，相与提挈维系，激荡挑拨，障狂澜使西倒，俾善者日趋于善，不善者亦潜移默化，则人皆可用矣。

（以上松坡评语）

第三章　尚　志

1. 凡人才高下，视其志趣。卑者安流俗庸陋之规，而日趋污下；高者慕往哲隆盛之轨，而日即高明。贤否智愚，所由区矣。

2. 无兵不足深忧，无饷不足痛哭。独举目斯世，求一攘利不先、赴义恐后、忠愤耿耿者，不可亟得；或仅得之，而又屈居卑下，往往抑郁不伸，以挫以去以死，而贪饕退缩者，果骧首而上腾，而富贵，而名誉，而老健不死，此其可浩叹者也。

3. 今日百废莫举，千疮并溃，无可收拾，独赖此耿耿精忠之寸衷，兴斯民相对于骨岳血渊之中，冀其塞绝横流之人欲，以挽回厌乱之天心，庶几万一有补。不然，但就时局而论之，则滔滔者吾不知其所底也！

4. 胸怀广大，须从平淡二字用功。凡人我之际须看得平，功名之际须看得淡，庶几胸怀日阔。

5. 做好人，做好官，做名将，俱要好师、好友、好榜样。

6. 喜誉恶毁之心，即鄙夫患得患失之心也。于此关打不破，则一切学问才智，实足以欺世盗名。

7. 方今天下大乱，人怀苟且之心，出范围之外，无过而问焉者。吾辈当立准绳，自为守之，并约同志共守之，无使吾心之贼破吾心之墙。

8. 君子有高世独立之志，而不与人以易窥，有藐万乘、却三军之气，而未尝轻于一发。

9. 君子欲有所树立，必自不妄求人知始。

10. 古人患难忧虞之际，正是德业长进之时，其功在于胸怀坦夷，其效在于身体康健。圣贤之所以为圣贤，佛家之所以成佛，所争皆在大难磨折之日。将此心放得实，养得灵，有活泼泼之胸襟，有坦荡荡之意境，则身体虽有外感，必不至于内伤。

（以上曾国藩语）

穿黄马褂的曾国藩

11. 军中取材，专尚朴勇，尚须由有气概中讲求。特恐讲求不真，即浮气客气，夹杂其中，非真气耳。

12. 人才由磨炼而成，总须志气胜，乃有长进。成败原难逆睹，不足以定人才。兵事以人才为根本，人才以志气为根本。兵可挫而气不可挫，气可偶挫而志不可挫。

13. 方今天下之乱，不在强敌而在人心，不患愚民之难治，而在士大夫之好利忘义而莫之惩。

14. 吾人任事，与正人同死，死亦附于正气之列，是为正命。

附非其人，而得不死，亦为千古之玷，况又不能无死耶！处世无远虑，必有危机，一朝失足，则将以薰莸为同臭，而无解于正人之讥评。

（以上胡林翼语）

15. 士人第一要有志，第二要有识，第三要有恒。有志则不甘为下流；有识则知学问无尽，不敢以一得自足；有恒则断无不成之事。三者缺一不可。诸弟此时，惟有识不可骤几，有志有恒，则诸弟勉之而已。

16. 凡人心之发，必一鼓作气，尽吾力之所能为，稍有转念，则疑心生，私心亦生。

17. 余死生早已置之度外，但求临死之际，寸心无可悔憾，斯为大幸。

18. 舍命报国，侧身修行。

19. 古称“金丹换骨”，余谓立志即丹也。

（以上曾国藩语，系蒋介石增补）

20. 天下纷纷，吾曹适丁其厄，武乡侯[1]不云乎“成败利钝，非所逆睹”？则亦殚其心力，尽其职守，静以待之而已。

（以上左宗棠语，系蒋介石增补）

---

① 武乡侯：即诸葛亮，字孔明，生于琅琊阳都。他在三国鼎立的时候，担任蜀相，主子刘备死后，受遗诏辅佐阿斗刘禅，封武乡侯，领益州牧，主持军国大事，志在攻魏，以复中原，成就霸业。他率师挥戈北伐曹魏，六出祁山，相战累年，后病死五丈原战营。

右列各节，语多沉痛，悲人心之陷溺，而志节之不振也。今日时局之危殆，祸机之剧烈，殆十倍于咸同之世，吾侪身膺军职，非大发志愿，以救国为目的，以死为归属，不足渡同胞于苦海，置国家于坦途。须以耿耿精忠之寸衷，献之骨岳血渊之间，毫不反顾，始能有济。果能拿定主见，百折不磨，则千灾百难，不难迎刃而解。若吾辈军人，将校则以跻高位、享厚禄、安福尊荣为志，目兵则以希虚誉、得饷糈为志，曾胡两公必痛哭于九泉矣。

(以上松坡评语)

诸葛亮二气周瑜(《三国演义》插图)

第四章　诚　实

1. 天地之所以不息，国之所以立，圣贤之德业所以可大可久，皆诚为之也。故曰：诚者物之终始，不诚无物。

2. 人必虚中，不着一物，而后能真实无妄。盖实者不欺之谓也，人之所以欺人者，必心中别着一物，心中别有私心，不敢告人，而后造伪言以欺人。若心中了不着私物，又何必欺人哉？其所以欺人者，亦以心中别着私物也。所知在好德，而所私在好色，不能去好色之私，则不能不欺其好德之知矣。是故诚者，不欺者也，不欺者心无私着也。无私着者，至虚者也。（以下系蒋介石增补）是故天下之至诚，天下之至虚者也。当读书则读书，心无着于见客也。当见客则见客，心无着于读书也，一有着，则私也。灵明无着，物来顾应，未来有迎，当时不杂，既过不恋，是之谓虚而已矣，是之谓诚而已矣。

3. 知己之过失，即自为承认之地，改去毫无吝惜之心，此最难之事。豪杰之所以为豪杰，圣贤之所以为圣贤，便是此等处磊落过人。能透过此一关，寸心便异常安乐，省得多少纠葛，省得多少遮掩装饰丑态。

4. 盗虚名者，有不测之祸；负隐慝者，有不测之祸；怀忮心者，有不测之祸。

5. 天下惟忘机可以消众机，惟懵懂可以祓不祥。

6. 用兵久则骄惰自生，骄惰则未有不败者。勤字所以医惰，慎字所以医骄，二字之先，须有一诚字以立之本。立意要将此事知得透，辨得穿。精诚所至，金石亦开，鬼神亦避，此在己之诚也。人之生也直，与武员之交接，尤贵乎直。文员之心，多曲多歪，多不坦白，往往与武员不相水乳。必尽去歪曲私衷，事事推心置腹，使武人粗人坦然无疑，此接物之诚也。以诚为之本，以勤字慎字为之用，庶几免于大戾，免于大败。

7. 楚军水陆师之好处，全在无官气而有血性。若官气增一分，血性必减一分。

8. 军营宜多用朴实少心窍之人，则风气易于纯正。今大难之起，无一兵足供一割之用，实以官气太重，心窍太多，漓朴散醇，真意荡然。湘军之兴，凡官气重心窍多者，在所必斥。历岁稍久，亦未免沾染习气，应切戒之。

9. 观人之道，以朴实廉介为质。有其质而傅以他长，斯为可贵。无其质而长处亦不足恃。甘受和，白受彩，古人所谓无本不立，意或在此。

10. 将领之浮滑者，一遇危机之际，其神情之飞越足以摇惑军心，其言语之圆滑足以淆乱是非，故楚军历不喜用善说话之将。

矛枪并用（晚清漫画）

11. 今日所说之话，明日勿因小利害而变。

12. 军事是极质之事，二十三史[①]除班[②]马[③]而外，皆文人以意为之。不知甲仗为何物，战阵为何事，浮词伪语，随意编造，断不可信。

13. 凡正话实话，多说几句，久之人自能共亮其心。即直话亦不妨多说，但不可以讦为直，尤不可背后攻人之短。驭将之道，最贵推诚，不贵权术。

14. 吾辈总以诚心求之，虚心处之。心诚则志专而气足，千磨百折，而不改其常度，终有顺理成章之一日。心虚则不客气，不挟私见，终可为人共谅。

15. 楚军之所以耐久者，亦由于办事结实，敦朴之气未尽浇散。若奏报浮伪，不特畏遐迩之指摘，亦恐坏桑梓之风气。

16. 自古驭外国，或称恩信，或称威信，总不出一信字。非

---

① 二十三史：中国古代各朝撰写的二十三部史书总称。它上起传说中的黄帝，下至明朝崇祯十七年(1644)，用统一的纪传体编写，被封建皇帝钦定为“正史”。清乾隆四年，从《永乐大典》中摘录出来的《旧五代史》也被列入，经乾隆皇帝钦定，合称“二十四史”。

② 班：即班固(32—92)，东汉著名史学家、文学家，他编著的《汉书》是我国第一部纪传体断代史，史学地位很高。他还擅长作赋，名作有《两都赋》、《答宾戏》等。他随大将窦宪西征匈奴，因窦宪骄横案牵连入狱，最后死在了狱中。

③ 马：即司马迁(前145或前135—?)，西汉史学家、文学家。继承父职做了太史令后，他开始撰写《史记》。因为替“投降”匈奴的李陵辩解，他获罪下狱，并被处以宫刑。出狱后任中书令，发奋著书，终于完成中国第一部纪传体通史。《史记》“究天人之际，通古今之变，成一家之言”，因其不因人废事，也不因事废人，颇为后世史家称道。《史记》还是著名的文学作品，鲁迅先生赞其为“史家之绝唱，无韵之离骚”。特别令人钦佩的是，司马迁忍宫刑之辱而竟大业，实在可叹可敬。他的《报任安书》记述了他下狱受刑经历和著书抱负，很值得一读。

必显违条约，轻弃前诺，而后为失信也。即纤悉之事，颦笑之间，亦须有真意载之以出。心中待他只有七分，外面不必假装十分。既已通和讲好，凡事公平照拂，不使远人吃亏，此恩信也。至于令人畏敬，全在自立自强，不在装模作样。临难有不屈挠之节，临财有不沾染之廉，此威信也。《周易》[①]立家之道，尚以有孚之威归诸反身，况立威于外域，求孚于异族，而可不反求诸己哉？斯二者，似迂远而不切于事情，实则质直而消患于无形。

（以上曾国藩语）

17. 破天下之至巧者以拙，驭天下之至纷者以静。

18. 众无大小，推诚相与。咨之以谋，而观其识；告之以祸，而观其勇；临之以利，而观其廉；期之以事，而观其信。知人任人，不外是矣。近日人心，逆意万端，亦难穷究其所在，惟诚之至，可救欺诈之穷。欺一事而不能欺诸事，事欺一时，不能欺之后时。不可不防其欺，不可因欺而灰心所办之事。所谓贞固足以干事也。

19. 吾辈不必世故太深，天下惟世故深误国事耳。一部《水浒》[②]，教坏天下强有力而思不逞之民；一部《红楼》[③]，教坏天下

---

① 《周易》：简称《易》，西周末年的占筮用书。它从日月运行及其产生的阴阳变化中，总结出一套认识、分析、处理问题的方法和规律，其中包含一些朴素的唯物思想和辩证意味。

② 《水浒》：《水浒传》，又名《忠义水浒传》、《江湖豪客传》，宋金元时期有根据宋江等上梁山造反的故事加工编成的话本。明朝施耐庵又据此前的话本、戏曲、民间故事，写出我国第一部长篇白话小说《水浒传》。民间有“少不看水浒，老不看三国”之说。

③ 《红楼》：《红楼梦》，又称《石头记》，被认为是中国最具文学成就的古典文学，是中国长篇小说的巅峰之作。该书与《水浒传》、《三国演义》、《西游记》，并称中国四大古典名著。

堂官掌印司官督抚司道首府及一切红人，专意揣摩迎合，吃醋捣鬼。当痛除此习，独行其志。阴阳怕懵懂，不必计及一切。

《红楼梦》插图

20. 人贵专一，精诚所至，金石为开。

21. 军旅之事，胜败无常，总贵确实而戒虚捏。确实则准备周妥，虚饰则有误调度，此治兵之最要关键也。粤逆倡乱以来，其得以肆志猖獗者，实由广西文武欺饰捏报，冒功幸赏，以致蔓延数省，流毒至今，莫能收拾。①

22. 事上以诚意感之，实心待之，乃真事上之道。若阿附随声，非敬也。

23. 挟智术以用世，殊不知世间并无愚人。

① 此为胡林翼站在清朝地主阶级立场上对太平天国运动的诬蔑之词。

24. 以权术凌人，可驭不肖之将，而亦仅可取快于一时。本性忠良之人，则并不烦督责而自奋也。

（以上胡林翼语）

25. 君子之道，莫大乎以忠诚为天下倡。世之乱也，上下纵于亡等之欲，奸伪相吞，变诈相角，自图其安而予人以至危，畏难避害，曾不肯捐丝粟之力以拯天下。得忠诚者起而矫之，克己而爱人，去伪而崇拙，躬履诸难，而不责人以同患，浩然捐生，如远游之还乡，而无所顾悸。由是众人效其所为，亦皆以苟活为羞，以避事为耻。呜呼！吾乡数君子所以鼓舞群伦，历九载而戡大乱，非拙且诚者之效欤？

26. 凡说话不中事理，不担斤两者，其下必不服。

（以上曾国藩语，系蒋介石增补）

吾国人心，断送于伪之一字。吾国人心之伪，足以断送国家及其种族而有余。上以伪驱下，下以伪事上，同辈以伪交，驯至习惯于伪，只知伪之利，不知伪之害矣。人性本善，何乐于伪，惟以非伪不足以自存，不得不趋于伪之一途。伪者人固莫耻其为伪，诚者群亦莫知其为诚，且转相疑骇，于是由伪生疑，由疑生嫉，嫉心既起，则无数恶德，从之俱生，举所谓伦常道德，皆可蹴去不顾。呜呼！伪之为害烈矣！军队之为用，全恃万众一心，同袍无间，不容有丝毫芥蒂，此尤在有一诚字为之贯串，为之维系。否则，如一盘散沙，必将不戢自焚。社会以伪相尚，其祸伏而缓；军队以伪相尚，其祸彰而速且烈。吾辈既充军人，则将伪之一字，排斥之不遗余力，将此种性根拔除净尽，不使稍留萌蘖，乃可以言治兵，乃可以为将，乃可以当兵。惟诚可以破天下之伪，惟实可以破天下之虚。李广[1]疑石为虎，射之没羽，荆轲[2]赴秦，长虹贯日，精诚之所至也。

（以上松坡评语）

八国联军攻占北京（1900 年）

---

① 李广（？—前 119）：西汉名将。据传，他的祖上是秦朝大败燕太子丹的名将李信。他受世传弓法，射得一手好箭，从军抗击匈奴屡立战功。任右北平太守后，匈奴称他“飞将军”，吓得不敢进犯。

② 荆轲（？—前 227）：战国末年刺客。当时燕太子丹为阻止秦国攻打燕国，便花钱收买他去行刺秦王。随着一声“壮士一去兮不复还”，荆轲踏上了不归路。他以献图为名觐见秦王，图穷匕见，然而行刺未果，最后被杀。

第五章　勇　毅

1. 大抵任事之人，断不能有毁而无誉，有恩而无怨。自修者但求大闲不逾，不可因讥议而馁沉毅之气。衡人者，但求一长可取，不可因微瑕而弃有用之材，苟于峣峣者过事苛求，则庸庸者反得幸全。

2. 事会相薄，变化乘除，吾尝举功业之成败，名誉之优劣，文章之工拙，概以付之运气一囊之中，久而弥自信其说不可易也。然吾辈自信之道，则当与彼赌乾坤于俄顷，较殿最于锱铢，终不令囊独胜而吾独败。

3. 国藩昔在江西、湖南，几于通国不能相容，六七年间，浩然不欲复闻世事，惟以造端过大，本以不顾生死自命，宁当更问毁誉！

4. 遇棘手之际，须从耐烦二字痛下工夫。

5. 我辈办事，成败听之天命，毁誉听之于人，惟在己之规模气象，则我有可以自立者，亦曰不随众人之喜惧耳。

6. 军事棘手之际，物议指摘之时，惟有数事最宜把持得定：一曰待民不可骚扰，二曰禀报不可讳饰，三曰调度不可散乱。譬如舟行，遇大风暴，只要把舵者心明力定，则成败虽未可知，要胜于他舟之慌乱者数倍。

7. 若从流俗毁誉上讨消息，必致站脚不牢。

（以上曾国藩语）

8. 不怕死三字言之易，行之实难，非有胆有良心者不可。仅以客气为之，一败即挫矣。

9. 天下事只在人力作为，到水尽山穷之时，自有路走，只要切实去办。

10. 冒险二字，势不能免，小心之过，则近于葸。语不云乎：“不入虎穴，焉得虎子！”

11. 国家委用我辈，既欲稍稍补救于斯民，岂可再避嫌怨？须知祸福有定命，显晦有定时，去留有定数。避嫌怨者未必得，不避嫌怨，未必失也。古人忧馋畏讥，非惟求一己之福也。盖当其事，义无可辞，恐谗谤之飞腾，陷吾君以不明之故。故悄悄之忧心，致其忠爱之忱耳。至于一身祸福进退，何足动其毫末哉？

12. 胆量人人皆小，只需分别平日胆小，临时胆大耳。今人则平日胆大，临时胆小，可痛也已！

13. 讨寇之志，不以一眚而自挠，而灭寇之功，必须万全而自立。

西方列强诬蔑中国是恶龙（晚清时期西方出版的明信片）

14. 两军交绥，不能不有所损，固不可因一眚而挠其心，亦不可因大胜而有自骄轻敌之心。纵常打胜仗，亦只算家常便饭，并非奇事。惟心念国家艰难，生民涂炭，勉竭其愚，以求有万一之补救，成败利钝，实关天命，吾尽吾心而已。

15. 侥幸以图难成之功，不如坚忍而规远大之策。

16. 兵事无万全，求万全者无一全，处处谨慎，处处不能谨慎。历观古今战事，如刘季[①]、光武[②]、唐太宗[③]、魏武帝[④]，均日濒于危，其济天也。

---

① 刘季：即汉高祖刘邦(前256—前195)。陈胜、吴广起义后，他也率领一班人马响应，先于西楚霸王项羽入关，打下了咸阳。项羽设下有名的“鸿门宴”欲杀刘邦。刘邦躲过杀身之祸，养精蓄锐，在历时四年之久的楚汉战争后，逼项羽“无颜回江东”，自刎乌江。刘邦建立大汉王朝，成为中国历史上第一个布衣天子。由于刘邦出身无赖，以行伍定天下，轻慢儒生，诛杀功臣，后人对他颇多挖苦之辞。

② 光武：指光武帝刘秀(前5—57)，是高祖刘邦的九世孙。王莽末年，绿林、赤眉起义，刘秀和兄长刘𬙂以复兴汉室为号召拥军自立，逐步走上逐鹿中原并吞天下的胜利之路。他公元25年称帝，建立了东汉王朝。政治上改革官制，严惩腐败分子；军事上实行屯田，加强“枪杆子”的领导；经济上实行度田，大力垦荒生息；思想上旌表名节，再倡儒学。这些举措使刘氏天下得以再度兴盛。

③ 唐太宗：即李世民(599—649)，是中国历史上少有的能打天下又能治天下的名君。他是唐高祖李渊的儿子。626年7月2日，他发动玄武门之变，杀死两个兄弟，逼父退位，自己称帝，改元贞观。由于励精图治，广纳善言，任用贤能，他的“贞观之治”使唐朝进入一个辉煌时代。

④ 魏武帝：即曹操(155—220)，字孟德，他以镇压黄巾起义起家，后又起兵讨伐权臣董卓，“挟天子以令诸侯”。官渡之战后，他逐步统一了中国北方，于是有魏蜀吴三国鼎立。他名义上是汉臣，其实是无冕之皇。他死后，长子曹丕立魏代汉，追尊曹操为魏武帝。作为一代枭雄，他在名著《三国演义》里备受贬抑。其实他的文才武略非一般人可比，他开启的建安文学新风对后世有深远的影响。

17. 不当怕而怕，必有当怕而不怕者矣。

18. 战事之要，不战则已，战则须挟全力；不动则已，动则须操胜算。如有把握，则坚守一月二月三月，自有良方。今日之人，见敌即心动，不能自主，可戒也。

19. 古今战阵之事，其成事皆天也，其败事皆人也。兵事怕不得许多，算到五六分，便须放胆放手，本无万全之策也。

（以上胡林翼语）

20. 贤达之起，其初类有非常之撼顿，颠蹶战兢，仅而得全，蹶疾生其德术，荼蘖坚其筋骨，是故安而思危，乐而不荒。

21. 道微俗薄，举世方尚中庸之说，闻激烈之行，则訾其过中，或以罔济尼之，其果不济，则大快奸者之口。夫忠臣孝子，岂必一一求有济哉！势穷计迫，义无反顾，效死而已矣！其济，天也，不济，于吾心无憾焉耳。

22. 时事愈艰，则挽回之道，自须先之以戒惧惕厉，傲兀郁积之气，足以肩任艰巨，然视事太易，亦是一弊。

（以上曾国藩语，系蒋介石增补）

23. 人心思乱，不自今日始，亦不自今日止。除日日练兵，人人讲武，则无补救之方。练一日得一日之力，练一人得一人之力。

24. 时艰事急，当各尽其心力所能，不必才之果异于人，事之果期于成也。遇事每谋每断，不谋不断，亦终必亡。与其坐亡，不如谋之。

25. 不苦撑，不咬牙，终无安枕之日。

26. 近事非从吏治人心痛下工夫，涤肠荡胃，必难挽回。

（以上胡林翼语，系蒋介石增补）

27. 大局日坏，吾辈不可不竭力支持，做一分，算一分，在一日，撑一日。

28. 强毅之气，决不可无，然强毅与刚愎有别。古语云：自胜之谓强，曰强制，曰强恕，曰强为善，皆自胜之义也。如不惯早起，而强之未明即起；不惯庄敬，而强之坐尸立斋；不惯劳苦，而强之与士卒同甘苦。强之勤劳不倦，是即强也。不惯有恒，而强之有恒，即毅也。舍此而求以勇气胜人，是刚愎而已矣。二者相似，而其流相去霄壤，不可不察，不可不谨。

29. 日慎一日，以求事之济，一怀焦愤之念，则恐无成。千万忍耐千万忍耐。"久而敬之"四字，不特处朋友为然，即凡事亦莫不然。

30. 袁了凡[①]所谓从前种种譬如昨日死，从后种种譬如今日生，另起炉灶，重开世界。安知此两番之大败，非天之磨炼英雄，使予大有长进乎？谚云：吃一堑，长一智。吾生平长进全在受挫受辱之时，务须咬牙励志，蓄其气而长其智，切不可荼然自馁也。

31. 予当此百端拂逆之时，亦只有逆来顺受之法，仍不外悔字诀、硬字诀而已。

32. 百种弊病，皆从懒生，懒则弛缓，弛缓则治人不严，而趣功不敏，一处迟则百处懈矣。

（以上曾国藩语，系蒋介石增补）

勇有狭义的、广义的，及急遽的、持续的之别。暴虎冯河，死

① 袁了凡（1533—1606）：江苏吴江人，著有《立命之学》《改过之法》《积善之方》《谦德之效》四文，世称"了凡四训"，该四文讲述改变自身命运的经历和方法，对后世青年颇有教益。

而无悔，临难不苟，义无反顾，此狭义的、急遽的者也。成败利钝，非所逆睹，鞠躬尽瘁，死而后已，此广义的、持续的者也。前者孟子所谓小勇，后者所谓大勇，所谓浩然之气者也。右章所列，多指大勇而言，所谓勇而毅也。军人之居高位者，除能勇不算外，尤须于毅之一字，痛下工夫。挟一往无前之志，具百折不回之气，毁荣誉辱死生皆可不必计较，惟求吾良知之所安。以吾之大勇表率无数之小勇，则其为力也厚，为效也广。至于级居下僚（将校以至目兵），则应以勇为唯一之天性，以各尽其所职。不独勇于战阵也，即平日一切职务，不宜稍示怯弱，以贻军人之羞。世所谓无名之英雄者，吾辈是也。

（以上松坡评语）

第六章　严　明

1. 古人用兵，先明功罪赏罚。

2. 救浮华者莫如质，积玩之后，振之以猛。

3. 医者之治瘠痈，甚者必剜其腐肉，而生其新肉。今日之劣弁羸兵，盖亦当为简汰，以剜其腐肉者，痛加训练，以生其新者。不循此二道，则武备之弛，殆不知所底止。

4. 太史公所谓循吏者，法立令行，能识大体而已。后世专尚慈惠，或以煦煦为仁者当之，失循吏之义矣。为将之道，亦以法立令行，整齐严肃为先，不贵煦妪也。

5. 立法不难，行法为难。凡立一法，总须实实行之，且常常行之。

6. 九弟①临别，深言驭下宜严，治事宜速。余亦深知驭军驭吏，皆莫先于严。特恐明不傍烛，则严不中礼耳。

---

① 九弟：即曾国藩兄弟中的“老九”曾国荃。他协助兄长曾国藩统领湘军，南征北战征剿太平军，围安庆，陷天京，战功显赫，累迁两广总督、礼部尚书、两江总督兼通商事务大臣，加太子太保衔，封一等威毅伯，死谥“忠襄”。

曾国荃像

7. 吕蒙[①]诛取铠之人，魏绛[②]戮乱行之仆。古人处此，岂以为名，非是无以警众耳。

8. 近年驭将，失之宽厚，又与诸将相距遥远，危险之际，弊

---

① 吕蒙(178—219)：东吴“四英”中的老三。吕蒙家庭贫困，小时候基本没读过书，但他勤学好问，投奔孙权为将后，竟修炼成了一个文武全才。按道理，吕蒙应成为后世青年学习的榜样，但他不该活捉了败走麦城的关羽，让关羽死在了孙权手里。就这样，活在忠义关羽的亡魂下，吕蒙便背上了骂名。

② 魏绛：即魏庄子，春秋时晋国的卿大夫，历史上很有名气的政治家、军事家。他执法上严毅方正，政治上很有远见卓识，军事上能征善战。他为人很谦虚，为晋国八年九合诸侯不居功，此外他很有民本思想，热衷于访民情解民难。他最大的创新是提出并实施了和戎政策，开创了中国历史上汉族争取团结少数民族的先例。

端百出，然后知古人所云“做事威克厥爱，虽少必济”，反是乃败道耳。

（以上曾国藩语）

9. 自来带兵之员，未有不专杀立威者，如魏绛戮仆，穰苴[①]斩庄贾，孙武[②]致法于美人，彭越[③]之诛后至者，皆是也。

10. 世变日移，人心日趋于伪，优容实以酿祸，姑息非以明恩，居今日而为政，非用霹雳手段，不能显菩萨心肠。害马既去，伏龙不惊，则法立知恩。吾辈任事，只尽吾义分之所能为，以求衷诸理之至，是不必故拂乎人情，而任劳任怨，究无容其瞻顾之思。

11. 号令未出，不准勇者独进；号令既出，不准怯者独止。如此则功罪明而心志一矣。

12. 兵，阴事也，以收敛固啬为主；战，勇

胡林翼像

① 穰苴：田穰苴，春秋晚期齐国著名军事家，曾官至大司马，又称司马穰苴，是个治军谨严、执法如山的人物。

② 孙武：春秋末期齐国人，杰出的军事家，著成兵法十三篇，称《孙子兵法》，这是我国现存最早、最完整、最系统的兵书。孙武作为“兵家鼻祖”，不仅会“纸上谈兵”，真的打起仗来也很出色。他曾经带领三万吴师千里奔袭强大的楚国，五战五胜，直捣楚都，创造了军事史上以少胜多的奇迹。

③ 彭越（？—前196）：西汉大将。陈胜、吴广起义后，他和手下兄弟们商议反秦。据传在起义的那天，他斩了最后迟到的一个兄弟，以严明法纪。队伍壮大后他归附刘邦，立下了大功劳。但后来因不顺从惹恼了刘邦，结果刘邦把他剁成肉酱，还诛杀了他全族。彭越是中国战争史上游击战的始祖。楚汉战争中，他率部在楚军后方开展游击战，弄得项羽疲于奔命。

气也，以节宣提倡为主。故治军贵执法谨严，能训能练，禁烟禁赌，戒逸乐，戒懒散。

13. 治将乱之国，用重典；治久乱之地，宜予以生路。

14. 行军之际，务须纪律严明，队伍整齐，方为节制之师。如查有骚扰百姓，立即按以军法。吕蒙行师，不能以一笠宽其乡人，严明之谓也；绛侯治兵，不能以先驱犯其垒壁，整齐之谓也。

15. 立法宜严，用法宜宽，显以示之纪律，隐以激其忠良，庶几畏威怀德，可成节制之师。若先宽后严，为恐始习疲玩，终生怨尤，军政必难整饬。

（以上胡林翼语）

治军之要，尤在赏罚严明。煦煦为仁，足以隳军纪而误国事，此尽人所皆知者。近年军队风气，纪纲大弛，赏罚之宽严每不中程，或姑息以图见好，或故为苛罚以示威。以爱憎为喜怒，凭喜怒以决赏罚，于是赏不知感，罚不知畏。此中消息，由于人心之浇薄者居其半，而由于措施之乖方者亦居半。当此沓泄成风，委顿疲玩之余，非振之以猛，不足以挽回颓风。与其失之宽，不如失之严。法立然后知恩，威立然后知感。以菩萨心肠，行霹雳手段，此其时矣。是望诸勇健者，毅然行之而无稍馁，则军事其有豸乎。

（以上松坡评语）

第七章　公　明

1. 人君以生杀予夺之权，授之将帅，犹东家之钱银货物，授之店中众伙。若保举太滥，视人君之名器，不甚爱惜，犹之贱售浪费，视东家之货财，不甚爱惜也。介之推[①]曰：窃人之财，犹谓之盗，况贪天之功，以为己功乎！余则略改之曰：窃人之财，犹谓之盗，况假大君之名器，以市一己之私恩乎！余忝居高位，惟此事不能力挽颓风，深为愧惭。

2. 窃观自古大乱之世，必先变乱是非，而后政治颠倒，灾害从之。屈原之所以愤激沉江而不悔者，亦以当日是非淆乱为至痛。故曰：兰芷变而不芳，荃蕙化而为茅！又曰：固时俗之从流，又熟能无变化？伤是非之日移日淆，而几不能自立也。后世如汉晋唐宋之末造，亦由朝廷之是非先紊，而后小人得志，君子有遑遑无依之象。推而至于一省之中，一军之内，亦必其是非不揆于正，而后其政绩少有可观。赏罚之任，视乎权位，有得行有不

---

① 介子推：春秋时代晋文公的臣子，骊姬之乱后，他随重耳出奔流亡19年，曾割腿肉给几年不知肉味的重耳吃。重耳返国为君后，遍赏从人，却独独忘记了介子推这个功臣。介子推认为伸手要官是件很可耻的事，就背着老母亲隐居山中。后来重耳想起了介子推，想用烧山的办法把介子推逼出来，结果却把介子推和他母亲烧死了。晋文公后悔不已，就下令以后每年的这天不准生火做饭，只吃冷食，形成了今天的“寒食节”。

得行。至于维持是非之公，则吾辈皆有不可辞之责，顾亭林[①]先生所谓匹夫与有责焉者也。

3. 大抵莅事以明字为第一要义。明有二：曰高明，曰精明。同一境而登山者独见其远，乘城者独觉其旷，此高明之说也。同一物而臆度者不如权衡之审，目巧者不如尺度之精，此精明之说也。凡高明者欲降心抑志以遽趋于平实，颇不易易。若能事事求精，轻重长短，一丝不差，则渐实矣，能实则渐平矣。

4. 凡利之所在，当与人共分之；名之所在，当与人共享之。居高位以知人晓事二者为职。知人诚不易学，晓事则可以阅历黾勉得之。晓事则无论同己异己，均可徐徐开悟，以冀和衷。不晓事则挟私固谬，秉公亦谬；小人固谬，君子亦谬；乡愿固谬，狂狷亦谬。重以不知人，则终古相背而驰，决非和协之理。故恒言皆以分别君子小人为要。而鄙论则谓天下无一成不变之君子，亦无一成不变之小人。今日能知人能晓事，则为君子。明日不知人不晓事，则为小人。寅刻公正光明，则为君子，卯刻偏私晻暧，则为小人。故群毁群誉之所在，下走常穆然深念，不能附和。

5. 营哨官之权过轻，则不能各行其志。危险之际，爱而从之者或有一二，畏而从之者则无其事也。此中消息，应默察之，而默挽之。总揽则不无偏蔽，分寄则多所维系。

（以上曾国藩语）

6. 举人不能不破格，则须循名核实，否则人即无言，而我心

---

① 顾亭林（1613—1682）：名炎武，江苏昆山人。少年时曾参加抗清斗争。他著述甚丰，以其学术理念和治学方法开启了一代学风，与王船山、黄梨洲一道并称明末清初“三大家”。此外他还以民族气节著称。他生于明末，改朝换代时才 31 岁，但他誓死不仕新朝。

先愧矣。

7. 世事无真是非，特有假好恶。然世之徇私以枉事者，试返而自问，异日又岂能获私利之报于所徇私利之人哉？盍亦返其本矣。

8. 天下惟左右习近不可不慎，左右习近无正人，即良友直言亦不能进。

9. 朝廷爵赏，非我所敢专，尤非我所敢吝，然必积劳乃可得赏。稍有滥予，不仅不能激励人才，实足以败坏风俗。荐贤不受赏，隐德必及子孙。

10. 国家名器，不可滥予。慎重出之，而后军心思奋，可与图后效而速成功。

11. 天下惟不明白人多疑人，明白人不疑人也。

12. 是非不明，节义不讲，此天下所以乱也。

（以上胡林翼语，第 12 条系蒋介石增补）

13. 知天之长，而吾所历者短，则遇忧患横逆之来，当少忍以待其定。知地之大，而吾所居者小，则遇荣利争夺之境，当退让以守其雌。知学问之多，而吾所见者寡，则不敢以一得自喜，而当思择善而约守之。知事变之多，而吾所办者少，则不敢以功名自矜，而当思举贤而共图之。夫如是，则自私自满之见，可渐渐蠲除矣。

（以上曾国藩语，系蒋介石增补）

文正公谓居高位以知人晓事为职，且以能知人晓事与否，判别其为君子为小人。虽属有感而发，持论至为正当，并非愤激之说。用人之当否，视乎知人之明昧；办事之才不才，视乎晓事之透不透。不知人则不能用人，不晓事则何能办事？君子小人之别，以能否利人济物为断。苟所用之人，不能称职，所办之事，措置乖方，以致贻误大局，纵曰其心无他，究难为之宽恕者也。昔贤于用人之端，内举不避亲，外举不避仇，其宅心之正大，足以矜式百世。曾公之荐左中堂①而劾李次青②，不以恩怨而废举劾，名臣胸襟，自足千古。近世名器名位之滥极矣，幸进之途，纷歧杂出。其之用人讲资格，固足以屈抑人才。今之不讲资格，尤未足以激扬清浊。赏不必功，惠不必劳，举不必才，劾不必劣。或今贤而昨劣，或今辱而昨荣。扬之则举之九天之上，抑之则置之九渊之下。得之者不为喜，失之者不为歉。所称为操纵人才策励士气之具，其效力竟以全失。欲图挽回补救，其权操之自上，非吾侪所得与闻。惟吾人职居将校，在一小部分内，于用人一端，亦非绝无几希之权力，既有此权，则应于用人唯贤、循名核实之义，特加之意。能于一小部分，有所裨补，亦足心安理得。

（以上松坡评语）

---

① 左中堂：即左宗棠（1812—1885），字季高，湖南湘阴人，晚清著名军事家。因镇压太平军有功，官至陕甘总督。晚年他以年老多病之躯，命人抬棺率师出关，西征收复新疆，成为中国历史上对国家领土贡献最大的人物之一。

② 李次青：即李元度，湖南平江人，清举人，曾随曾国藩征剿太平军，且与之私交不错，官至贵州布政使。此人幽默诙谐，因埋头书史，疏理军务，惹得曾国藩火起，罢了他的乌纱帽。但李元度是曾国藩的铁杆“粉丝”，曾不敢忘记李元度维护他与湘军的功劳和苦心，硬要与李元度缔姻以申永好。

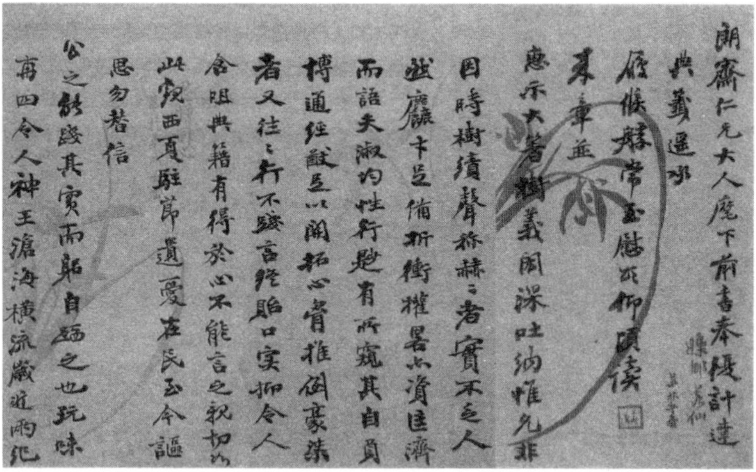

左宗棠手札

第八章 仁 爱

1. 带兵之道，用恩莫如用仁，用威莫如用礼。仁者，所谓欲立立人，欲达达人是也。待弁兵如待子弟之心，当望其发达，望其成立，则人知恩矣。礼者，所谓无众寡无大小无敢慢泰而不骄也。正其衣冠，尊其瞻视，俨然人望而畏之，威而不猛也。持之以敬，临之以庄，无形无声之际，常有凛然难犯之象，则人知威矣。守斯二者，虽蛮貊之邦行矣，何兵之不可治哉。

2. 吾辈带兵，如父兄之带子弟一般。无银钱，无保举，尚是小事，切不可使之困扰民而坏品行，因嫖赌洋烟而坏身体。个个学好，人人成材，则兵勇感恩，兵勇之父母亦感恩矣。

3. 爱民为治兵第一要义，须日日三令五申，视为性命根本之事，毋视为要结粉饰之文。

（以上曾国藩语）

4. 大将以救大局为主，并以救他人为主。须有嘉善而矜不能之气度，乃可包容一切。觉得胜仗无可骄人，败仗无可忧也。即他人不肯救我，而我必当救人。

5. 必须谆嘱将弁，约束兵丁，爱惜百姓，并随时访查，随时董戒，使营团皆行所无事，不扰不惊，戢暴安良，斯为美备。

6. 爱人当以大德，不以私惠。

7. 军行之处，必须秋毫无犯，团结民心。

8. 长官之于属僚，须扬善公庭，规过私室。

9. 圣贤仙佛，英雄豪杰，无不以济人济物为本，无不以损己利人为正道。

10. 爱人之道，以严为主，宽则心弛而气浮。

11. 自来义士忠臣，于曾经受恩之人，必终身奉事惟谨。韩信①为王，而不忘漂母一饭之恩；张苍②作相，而退朝即奉事王陵之妻如父母，终身不改。此其存心正大仁厚，可师可法。

（以上胡林翼语）

12. 不慌不忙，盈科后进，向后必有一番同甘滋味出来。

（以上曾国藩语，系蒋介石增补）

带兵如父兄之带子弟一语，最为慈仁贴切。以此存心，则今带兵格言，千言万语，皆可付之一炬。父兄之待子弟，虑其愚蒙无知也，则教之诲之；虑其饥寒苦痛也，则爱之护之；虑其放荡无行也，则惩责之；虑其不克发达也，则培养之。无论为宽为严，为爱为憎，为好为恶，为赏为罚，均出之以至诚无伪，行之以至公无私。如此则弁兵爱戴长上，亦必如子弟爱其父兄矣。

军人以军营为第二家庭，此言殊亲切有味。然实而按之，此

---

① 韩信：汉初军事家，江苏淮阴人。他幼读兵书，少怀安邦定国抱负，却一生坎坷，是一个非常悲剧的人物。他家里很穷，在大街上公然受二流子的胯下之辱。投军后，始从项梁，继随项羽，后经萧何力荐才入刘邦帐下，拜为大将。他井陉背水一战，以一万之众大破二十万赵军；潍水之战，各个击灭齐楚联军；垓下四面楚歌，逼项羽霸王别姬，自刎乌江。就是这么一个为创建汉王朝做出卓著贡献的赫赫功臣，却为刘邦猜忌，最后被吕后诱至长乐宫杀害。

② 张苍：阳武（今河南原阳）人，在秦朝曾经当过御史，后归顺刘邦，先后担任过北平侯、淮南相、御史大夫、丞相等职务。此君为人忠厚，与人为善，所以官当得久，坐得稳，而且年寿很长，活了一百多岁才死，谥文侯。

第二家庭，较之固有之家庭，其关系之密切，殆将过之。何以故？长上之教育部下也，如师友，其约束督责爱护之也，如父兄。部下之对长上也，其恪恭将事，与子弟之对于师友父兄，殆无异耳。及其同莅战役也，同患难，共死生，休戚无不相关，利害莫不与共。且一经从戎，由常备而续备，由续备而后备，其间年月正长，不能脱军籍之关系。一有战事，即须荷戈以出，为国宣劳。此以情言之耳。国为家之集合体，卫国亦所以卫家，军人为卫国团体之中坚，则应视此第二家庭为重。此以义言之耳。

古今名将用兵，莫不以安民爱民为本。盖用兵原为安民，若扰之害之，是悖用兵之本旨也。兵者民之所出，饷亦出之自民。索本探源，何忍加以扰害？行师地方，仰给于民者岂止一端，休养军队，采办粮秣，征发夫役，采访敌情，带引道路，何一非借重民力！若修怨于民，而招其反抗，是自困也。至于兴师外国，亦不可以无端之祸乱，加之无辜之民，致上干天和，下招怨怼。仁师义旅，决不出此。此海陆战条约所以严掳掠之禁也。

（以上松坡评语）

第九章　勤　劳

1. 练兵之道，必须官弁昼夜从事，乃可渐几于熟，如鸡伏卵，如炉炼丹，未可须臾稍离。

2. 天下事未有不由艰苦中得来，而可大可久者也。

3. 百种弊端，皆由懒出。懒则弛缓，弛缓则治人不严，而趣功不敏。一处弛则百处懒矣。

4. 治军之道，以勤为先。身勤则强，逸则病；家勤则兴，懒则衰；国勤则治，怠则乱；军勤则胜，惰则败。惰者暮气也，常常提其朝气为要。

5. 治军以勤字为先，由阅历而知其不可易。未有平日不早起，而临敌忽能早起者；未有平日不习劳，而临敌忽能习劳者；未有平日不能忍饥耐寒，而临敌忽能忍饥耐寒者。（以下系蒋介石增补）吾辈当共习勤劳，始之以愧厉，继之以痛惩。

6. 每日应办之事，积搁过多，当于清早单开本日应了之件，日内了之，如农家早起分派本日之事，无本日不了者，庶几积压较少。

7. 养生之道，莫大于惩忿窒欲，多动少食。

（以上曾国藩语）

8. 军旅之事，非以身先之劳之，事必无补。古今名将，不仅才略异众，亦且精力过人。

9. 将不理事，则兵无不骄纵者；骄纵之兵，无不怯弱者。

10. 凡兵之气，不见仗则弱，常见仗则强。久逸则终无用处，异日则必不可临敌。

11. 兵事如学生功课，不进则退，不战则并不能守。敬姜[①]之言曰：劳则思，逸则淫。设以数万人顿兵境上，无论古今无此办法，且久逸则筋脉皆弛，心胆亦怯，不仅难战，亦必难守。

12. 淫佚酒色，取败之媒，征逐嬉娱，治兵所戒。金陵围师之溃，皆由将骄兵惰，终日酣嬉，不以贼匪为念。或乐桑中之喜，或恋室家之私，或群与纵酒酣歌，或日在赌场烟馆，淫心荡志，乐极忘疲，以致兵气不扬，御侮无备，全军覆没，皆在宣淫纵欲中来也。夫兵犹火也，不戢自焚；兵犹水也，不流自腐。治军之道，必以苦其心志，劳其筋骨为典法。

（以上胡林翼语）

13. 耐冷耐苦，耐劳耐闲。

14. 立法不难，行法为难，以后总求实实行之，且常常行之。应事接物时，常从人情物理中之极粗极浅处着眼，莫从深处细处看。

15. 身体虽弱，却不宜过于爱惜。精神愈用则愈出，阳气愈提而愈盛。每日做事愈多，则夜间临睡愈快活。若存爱惜精神的意思，将前将却，奄奄无气，绝难成事。

16. 总须脚踏实地，克勤小物，乃可日起而有功。

17. 精神愈用而愈出，不可因身体素弱，过于保惜。智慧愈苦而愈明，不可因境遇偶拂，遽尔摧沮。

18. 不轻进，不轻退。

19. 习劳为办事之本。引用一班能耐劳苦之正人，日久自

---

① 敬姜：这个老太婆堪称孟母第二。她是春秋时文伯敬的母亲，文伯敬当上鲁国丞相这样的高官了，她还要在家里纺绩劳作，还语重心长地告诫当大官的儿子，要他常思劳作之苦。

有大效。

20. 欲去骄字，总以不轻非笑人为第一义。欲去惰字，总以不晏起为第一义。

21. 每日临睡之时，默数本日劳心者几件，劳力者几件，则知宣勤国事之处无多，更宜竭诚以图之。

22. 自古圣贤豪杰，文人才士，其志事不同，而其豁达光明之胸，大略相同。

23. 吾辈既办军务，系处功利场中，宜刻刻勤劳，如农之力穑，如贾之趋利，如篙工之上滩，早作夜思，以求有济。而治事之外，此中却须有一段冲融气象，二者并进，则勤劳而以恬淡出之，最有意味。

24. 用兵最戒骄气惰气。做人之道，亦惟骄惰二字误之最甚。扶危救难之英雄，以心力劳苦为第一义。

（以上曾国藩语，系蒋介石增补）

战争之事，或跋涉冰天雪窟之间，或驰驱酷暑恶瘴之乡，或趁雨雪露营，或昼夜趱程行军。寒不得衣，饥不得食，渴不得水，枪林弹雨之中，血肉横飞，极人世所不见之惨，受恒人所不经之苦。其精神，其体力，非于平时养之有素，练之有恒，岂能堪此。练兵之主旨，以能效命于疆场为归属。欲其效命于疆场，尤宜于平时竭尽手段以修养其精神，锻炼其体魄，娴熟其技艺。临事之际，乃能有恃以不恐。故习劳忍苦，为治军之第一要义。而驭兵之道，亦以使之劳苦，为不二法门。盖人性似猴，喜动不喜静，宜劳不宜逸，劳则思，逸则淫。闲居无所事事，则为不善，此常人恒态。聚数百千血气方刚之少年于一团，苟无所以范其心志，劳其体肤，其不逾闲荡检，溃出堤防之外者，乌可得耶！

（以上松坡评语）

晚清军队的野战炮

第十章　和　辑

1. 祸机之发，莫烈于猜忌，此古今之通病。败国亡家丧身，皆猜忌之所致。诗称：不忮不求，何用不藏？忮求二端，盖妾妇穿窬兼而有之者也。

2. 凡两军相处，统将有一分龃龉，则营哨必有三分，兵夫必有六七分。故欲求和衷共济，自统将先办一副平恕之心始。人之好名，谁不如我？同打仗不可讥人之退缩，同行路不可疑人之骚扰。处处严于治己，而薄于责人，则唇舌自省矣。

3. 敬以持躬，恕以待人。敬则小心翼翼，事无巨细，皆不敢忽。恕则凡事留余地以处人，功不独居，过不推诿。常常记此二字，则长履大任，福祚无量。

4. 湘军之所以无敌者，全赖彼此相顾，彼此相救。虽平日积怨深仇，临阵仍彼此照顾；虽上午口角参商，下午仍彼此救援。

（以上曾国藩语）

5. 军旅之事，以一而成，以二三而败。唐代九节度之师，溃于相州，其时名将如郭子仪[①]、李光弼[②]，亦不能免。盖谋议可资于众人，而决断须归于一将。

6. 古来将帅不和，事权不一，以众致败者，不止九节度使相

---

① 郭子仪(697—781)：唐代著名将领，平定安史之乱的主要指挥者，出将入相三十年，系天下安危于一身，是后世官僚竞相学习的一代名臣。

② 李光弼(708—764)：契丹人，祖籍柳城(今辽宁朝阳)，原为郭子仪帐下左兵马使，随郭东征安禄山，立功后累迁兵部尚书、北都留守，与郭子仪等名将崛起为唐朝“中兴名臣”。但这么一个久经沙场的老将，却忧谗畏讥，被太监吓得战战兢兢，连朝也不敢上，最后竟抑郁而死。

州一役。

7. 为大将之道，以肯救人固大局为主，不宜炫耀己之长处，尤不宜指摘人之短处。

8. 兵无论多寡，总以能听号令为上。不奉一将之令，兵多必败；能奉一将之令，兵少必强。

（以上胡林翼语）

9. 沅弟[①]谓雪[②]声色俱厉。凡目能见千里而不能自见其睫，

彭玉麟画像（吴友如 作）

---

① 沅弟：即曾国荃，因字沅浦，所以曾国藩叫他沅弟。

② 雪：即彭玉麟（1817—1890），湖南衡阳人，字雪琴。他是我国海军真正意义上的始祖之一，曾创办湘军水师助剿太平军，官至布政使、水师提督、两江总督、兵部尚书，加太子少保衔。他也是清史中比较“光彩”的“中兴名臣”。中法战争中，他征战虎门、谅山、钦州、灵山、沙角等地，为捍卫国土不辞老朽之身，最后病死在征战岗位上。他还广施善举，兴办义学，捐修试馆。著名的船山书院，就是在他手里再度兴盛的。

声音笑貌之拒人，每苦于不自见，苦于不自知。雪之厉，雪不自知。沅之声色，恐未始不厉，特不自知耳。

（以上曾国藩语，系蒋介石增补）

古人相处，有愤争公庭而言欢私室，有交哄于平昔而救助于疆场，盖不以公而废私，复不以私而害公也。人心之不同如其面，万难强之使同，驱之相合，则睚眦之怨、芥蒂之隙，自所难免。惟于公私之界，分得清，认得明，使之划然两途，不相混扰，则善矣。发捻之役[①]，中日之役[②]，中法之役[③]，列将因争意气而致败绩者，不一而足，故老相传，言之凿凿。从前握兵符者，多起自行间，罔知大体，动以意气用事，无怪其然。今后一有战役，用兵必

---

① 发捻：发，即太平军。捻，即捻军。捻军是太平天国时期活跃在北方的重要反清武装力量，源于捻子。捻为淮北方言，意即一股一伙。捻子是民间的秘密组织，在太平天国影响下发动大规模起义。捻军纵横驰骋安徽、江苏、湖北、甘肃等八省十余年，1865 年曾在山东曹州歼灭了清军精锐蒙古骑兵，击毙了清廷名将僧格林沁。后来曾国藩、李鸿章奉旨动用湘军、淮军及数省兵力，才把他们镇压下去。

② 中日之役：指 1894 年发生的中日甲午战争。明治维新后，国力逐渐强盛的日本推行"大陆政策"，妄图征服朝鲜、中国后，侵占亚洲，争霸世界。日本以入朝协助朝鲜政府镇压东学党的清兵侵犯日侨为借口，大举派兵朝鲜，袭击清军运兵船，向中国不宣而战。由于清政府腐败无能，李鸿章避战自保，中国惨败，被迫签订了割地赔款、丧权辱国的《马关条约》。

③ 中法之役：从 19 世纪中期起，法国就侵略越南，企图进而侵占中国云南和福建沿海。应越南国王要求，刘永福率清兵黑旗军在河内近郊数次重创法军。1883 年底，中法战争爆发。在东南沿海，清军抗击法寇，有胜有负，以胜居多。在南部陆路战场，老将冯子材夺取镇南关大捷，迫使发动侵华战争的法国汝费力内阁垮台。然而清廷却妥协退让，竟签署了丧权辱国的《中法新约》，落了个"法国不胜而胜，吾国不败而败"的可悲可笑结局。

在数十万以上。三十数镇[1]之师，情谊夙不相孚，言语亦多隔阂，统驭调度之难，盖可想见。苟非共矢忠诚，无猜无贰，或难免不蹈既往之覆辙。欲求和衷共济，则惟有恪遵先哲遗言，自统将先办一副平恕之心始，功不独居，乃可以言破敌。

（以上松坡评语）

① 镇：清军编制，规模相当于现在的师。

第十一章 兵 机

1. 前此为赴鄂救援之行，不妨仓促成军。近日为东下讨贼之计，必须简练慎出。若不教之卒，窳败之械，则何地无之？而必远求之湖南？等于辽东自诩之豕，仍同灞上儿戏之军。故此行不可不精选，不可不久练。

2. 兵者阴事也，哀戚之意，如临亲丧，肃敬之心，如承大祭，故军中不宜有欢欣之象。有欢欣之象者，无论或为和悦，或为骄盈，终归于败而已矣。田单①之在即墨，将军有必死之心，士卒无生还之气，此其所以破燕也。及其攻狄也，黄金横带，有生之乐，无死之心，鲁仲连②策其必不胜。兵事之宜惨戚，不宜欢欣，亦明矣。

3. 此次由楚省招兵东下，必须选百炼之卒，备精坚之械。舟师则船炮并富，陆路则将卒并愤，作三年不归之想，为百战艰难之行，岂可儿戏成军，仓促成行？人尽乌合，器多苦窳，船不满二百，炮不满五百，如大海簸豆，黑子著面，纵能速达皖省，究竟于事何补？是以鄙见总须战舰二百号，又补以民船载七八百，大小炮千余位，水军四千，陆军六千，夹江而下，明年成行，始略成气候。否则名为大兴义旅，实等矮人观场，不值方家一哂。

---

① 田单：战国名将，曾用诈降和“火牛阵”大败燕军，收复了齐国失地，迎齐襄王还都临淄，因而得封安平君，任齐相。后来又受命救赵，发挥能征善战的优势，击退秦军，被拜为赵相。

② 鲁仲连：战国时期齐国的贤士。此人爱行侠仗义，好助人为乐并以不畏强暴、不肯“帝秦”扬名后世。

4. 夫战，勇气也，再而衰，三而竭。国藩于此数语，常常体念。大约用兵无他妙巧，当存有余不尽之气而已。孙仲谋之攻合肥，受创于张辽，[①]诸葛武侯之攻陈仓，受创于郝昭，[②]皆初气过锐，渐就衰竭之故。惟荀蓥[③]之破逼阳，气已竭而后振，陆抗[④]之拔西陵，预料城之不遽下，而蓄养锐气，先备外援，以待内之自毙，此善于用气者也。

5. 日中则昃，月盈则亏，故古诗花未全开月未圆之句，君子以为知道。故余治兵以来，每介疑胜疑败之际，战兢恐惧，上下悚惧者，其后常得大胜。当志得意满之候，各路云集，狃于屡胜，将卒矜慢，其后常有意外之失。

6. 国家之强，以得人为强，所谓无竞惟人也。若不得其人，则羽毛未丰，亦似难以高飞。昔在宣宗[⑤]皇帝，亦尝切齿发愤，屡悔和议，而主战守，卒以无良将帅，不获大雪国耻。今欲罢和

---

① 孙仲谋，即孙权(182—252)，字仲谋，东吴大帝，他曾联蜀抗曹，获赤壁大捷；又魏吴结盟，共伐蜀汉；后响应诸葛亮的号召，数次发动北伐战争，攻打曹魏。229年，孙权称帝，正式建立东吴政权。但在称帝后，他不仅滥杀忠臣，还在立太子方面出尔反尔，为日后吴宫政变埋下了祸根。张辽，字文远，三国魏名将，原来追随丁原、董卓、吕布等，后来归附曹操，为曹魏立下累累战功，特别是曹操兵败赤壁狼狈逃窜时，张辽以八百孤兵击退孙权十万兵马，威震天下。

② 诸葛武侯，即大名鼎鼎的诸葛亮。郝昭，字伯道，太原人，三国时魏将，镇守河西，以拒诸葛亮功赐爵列侯。

③ 荀蓥，春秋时期晋国名将，是个严于军法的人。部下荀偃等久攻逼阳不下，荀蓥令七日内再不夺下城池，就让荀偃等割下自己的脑袋见他。荀偃等只有硬着头皮上，霸蛮打下了逼阳。

④ 陆抗，三国时吴人，父亲就是东吴大将陆逊。

⑤ 宣宗，即道光皇帝（1782—1850），清入关后的第六个皇帝，他自幼饱读诗书，且兼善骑射，登基后雄心勃勃，欲振兴祖业。但他坐上龙椅的时候，大清已由盛转衰。

主战，亦必得三数引重致远、折冲御侮之人以拟之。若仅区区楚材，目下知名之数人，则干将莫邪①，恐未必不终刓折。且聚数太少，亦不足以分布海隅。用兵之道，最忌势穷力弱四字。力则指将士之精力言之，势则指大局大计及粮饷之接续、人才之继否言之。能战虽失算亦胜，不能战虽胜算亦败。

政贵有恒（道光御笔）

7. 悬军深入而无后继，是用兵大忌。

8. 危急之际，尤以全军保全士气为主。孤军无助，粮饷不继，奔走疲惫，皆散乱必败之道。

（以上曾国藩语）

9. 有不可战之将，无不可战之兵。有可胜不可败之将，无必胜必不胜之兵。

10. 古人行师，先审己之强弱，不问敌之强弱。

---

① 干将莫邪：春秋时期吴国两个著名的打铁匠，干将为男，莫邪系女，后结为夫妻共铸名剑，所铸雄剑为干将，雌剑为莫邪。

11. 兵事决于临机，而地势审于平日，非寻常张皇幽渺可比。

12. 军事有先一着而胜者，如险要之地，先发一军据之，此必胜之道也。有最后一着而胜者，待敌有变，乃起而应之，此必胜之道也。至于探报路径，则须先期妥实办理。兵事之妙，古今以来，莫妙于拊其背、冲其腰、抄其尾，惟须审明地势敌情。

13. 先安排以待敌之求战，就后起而应之，乃必胜之道。盖敌求战而我以静制动，以逸待劳，以整御散，必胜之道也。此意不可拘执，未必全无可采。

14. 临阵之际，须以万人并力，有前有后，有防抄袭之兵，有按捺不动以应变之兵，乃是胜着。如派某人守候，不应期而进，便是违令；应期而不进，便是怯战。此则必须号令严明者也。徇他人之意，以前为美，以后为非，必不妥矣。

15. 夹击原是上策，但可密计而不可宣露，须并力而不宜单弱，须谋定后战，相机而行，而不可或先或后。

16. 不轻敌而慎思，不怯战而稳打。

17. 兵分则力单，穷进则气散，大胜则变成大挫，非知兵者也，不可不慎。敬则胜，整则胜，和则胜。三胜之机，决于是矣。

18. 我军出战，须层层布置，列阵纵横，以整攻散，以锐蹈瑕，以后劲而防抄袭。临阵切戒散队，得胜尤忌贪财。

19. 熟审地势敌情，妥谋分击之举。或伺敌之缺点，蹈瑕而入；或趋敌之重处，并力而前，皆在相机斟酌。惟临阵，切忌散队，切戒贪财。得胜之进，尤宜整饬队伍，务求痛杀。军务只应以一处合围以致敌，其余尽作战兵援兵兜剿之兵。若处处合围，则兵力皆为坚城所牵缀。顿兵坚城之下，则情见势绌。

20. 用兵之道，全军为上策，得土地次之；破敌为上策，得城池次之。古人必四路无敌，然后围城，兵法所谓十则围之之义也。

21. 兵事有须先一着者，如险要之地，以兵据之，先发制人，此为扼吭之计，必胜之道也。有须后一着者，愈持久愈神妙，愈老到愈坚定，待敌变计，乃起而乘之，此可为奇兵而拊其背，必胜之道也。

22. 一年不得一城，只要大局无碍，并不为过；一月而得数城，敌来转不能战，则不可为功。

23. 军队分起行走，相隔二日，每起二千人。若前队遇敌先战，非必胜之道也。应于近敌之处，饬前茅、后劲、中权会齐并力，乃可大胜。

24. 临阵分枝，不嫌其散；先期合力，必求其厚。

25. 荀悦[①]之论兵也，曰："权不可预设，变不可先图，与时迁移，随物变化。"诚为用兵之至要。

26. 战阵之事，恃强者是散机，敬戒者是胜机。

27. 军旅之事，谨慎为先；战阵之事，讲习为上。盖兵机至精，非虚心求教，不能领会，矧可是己而非人？兵机至活，非随时谨密，不能防人，矧可粗心而大意？

28. 侦探须确，须勤，须速，博访以资众论，沉思以审敌情。敌如不分枝，我军必从其入境之处，并力迎剿；敌如分枝，则我军必于敌多之处专剿。

（以上胡林翼语）

29. 凡善弈者，每于棋危劫急之时，一面自救，一面破敌，往

① 荀悦（148—209）：东汉史学家，儒学大家，他出身名门望族，是荀子的第 13 世孙。因看不惯东汉末年宦官专权，他托病隐居。后来曹操硬把他请出来相继做了黄门侍郎、秘书监、侍中等职。

往因病成妍，转败为功。善用兵者亦然。

（以上曾国藩语，系蒋介石增补）

30. 平日千言万语，千算万计，而得失仍只争临阵须臾之顷。凡奇谋至计，总在平实处，如布帛菽粟之类，愈近浅易，愈广大而精微也。凡事过于求好，转多不妥之处。

（以上胡林翼语，系蒋介石增补）

31. 凡危急之时，只有在己者靠得住，其在人者皆不可靠。恃之以守，恐其临危而先乱；恃之以战，恐其猛进而骤退。

32. 凡用兵须蓄不竭之气，留有余之力。

（以上曾国藩语，系蒋介石增补）

曾胡之论兵，极主主客之说。谓守者为主，攻者为客，主逸而客劳，主胜而客败，尤戒攻坚围城。其说与普法战争[①]前法国兵学家所主张者殆同（其时俄土两国亦盛行此说）。其论出师前之准备，宜十分周到。谓一械不精不可轻出，势力不厚不可成行，与近今之动员准备，用意相合。其以全军破敌为上，不以得土地城池为意，所见尤为精到卓越，与东西各国兵学家所倡导者如出一辙。临阵分枝宜散，先期合力宜厚二语，尤足以赅括战术战略之精妙处。临阵分枝者，即分主攻助攻之军，及散兵援队预备队之配置等是也。先期合力者，即战略上之聚中展开，及战术

① 普法战争：1870—1871年法国和普鲁士为争夺欧洲霸权进行的战争。1870年7月19日，法国向普鲁士宣战，然而不到一个半月就败得一塌糊涂，亲自率军征战的拿破仑三世和他的元帅、将军及所属官兵86000多人全部当了俘虏。普鲁士乘机统一了德国。

上之开进等是也。所论诸端，皆从实行后经验中得来，与近世各国兵家所论，若合符节。吾思先贤，不能不馨香崇拜之矣。

（以上松坡评语）

东西军备之比较（选自《神州画报》，马星驰作）

第十二章 战 守

1. 凡出队有宜速者，有宜迟者。宜速者我去寻敌，先发制人者也。宜迟者，敌来寻我，以主待客者也。主气常静，客气常动，客气先盛而后衰，主气先微而后壮。故善用兵者，每喜为主，不喜作客。休祁诸军，但知先发制人一层，不知以主待客一层，加之探报不实，地势不察，敌情不明，徒能先发而不能制人。应研究此两层，或我寻敌，先发制人，或敌寻我，以主待客。总须审定乃行，切不可于两层一无所见，贸然出队。

2. 师行所至之处，必须多问多思。思之于己，问之于人，皆好谋之实迹也。昔璞山[①]带兵，有名将风，每与敌遇，将接仗之前一夕，传各营官齐集，与之畅论敌情地势，袖中出地图十余张，每人分给一张，令诸将各抒己见，如何进兵，如何分支，某营埋伏，某营并不接仗，待事毕后，专派追剿。诸将一一说毕，璞山乃将自己主意说出，每人发一传单，即议定主意也。次日战罢，有与初议不符者，虽有功亦必加罚。其平日无事，每三日必传各营官熟论战守之法。

3. 一曰扎营宜深沟高垒。虽仅一宿，亦须为坚不可拔之计，但使能守我营垒，安如泰山，纵不能进攻，亦无损于大局。一曰哨探严明。离敌既近，时时作敌来扑营之想，敌来之路，应敌之路，埋伏之路，胜仗追击之路，一一探明，切勿孟浪。一曰痛除客气。未经战阵之兵，每好言战，带兵者亦然。若稍有阅历，但

① 璞山：即王璞山，清军忠勇名将。

觉我军处处瑕隙，无一可恃，不轻言战矣。

4. 用兵以渡水为最难，不特渡长江大河为难，即偶渡渐车之水，丈二之沟，亦须再三审慎，恐其半渡而击，背水无归，败兵争舟，人马践溺，种种皆兵家所忌。

5. 隘路打胜仗，全在头敌，若头敌站脚不住，后面虽有好手，亦被挤退。

（以上曾国藩语）

6. 战守机宜，不可纷心，心纷则气不专，神不一。

7. 交战宜持重，进兵宜迅速，稳扎猛打，合力分枝，足以括用兵之要。

8. 军旅之事，守于境内，不如战于境外。

9. 军事之要，必有所忍，乃能有所济；必有所舍，乃能有所全。若处处设备，即十万兵亦无尺寸之效。

10. 防边之要，不可处处设防。若处处设防，兵力必分，不能战亦不能守。惟择其紧要必争之地，厚集兵力以守之，便是稳固。

11. 碉卡之设，原所以省兵力，予地方官以据险慎守之方。有守土而无守之之人，虽天堑不能恃其险；有守人而无守具，虽贲、获①无所展其长。

12. 有进战之营，必须留营作守。假如以十营作前茅为战兵，即须留五营作后劲为守兵。其留后之兵，尤须劲旅，其成功一也，不可争目前之微功而误大局。

13. 有围城之兵，须先另筹打仗之兵。有临阵打仗之兵，必

① 贲、获：贲即孟贲，获即乌获，古代两个大力士，后来用来形容勇士、武士。

须安排劲旅，或预杜抄后之敌，或备策应之举。

14. 扼要立营，加高加深，固是要着。惟须约束兵丁，不得滋扰。又须不时操练，使步法整齐，技艺精熟，庶战守皆能有备。

（以上胡林翼语）

日俄海战（晚清时期明信片）

右揭战守之法，意括而言赅。曰攻战，曰守战，曰遭遇战，曰局地战，以及防边之策，攻城之术，无不独具卓识，得其要诀。虽以近世战术之日新月异，而大旨亦不外是。其论夜间宿营，亦须深沟高垒，为坚不可拔之计，则防御之紧严，立意之稳健，尤为近世兵家所不及道者也。（按：咸同时战争两方，多为不规则之混战，来去飙倏，不可端倪，故扎营务求坚固以防侵袭。）曾胡论兵，极重主客之见。只知守则为主之利，不知守反为主之害。盖因其时所对之敌，并非节制之师、精练之卒，且其人数常倍于我，其兵器未有今日之发达，又无骑炮两兵之编制，耳目不灵，攻击力复甚薄弱。故每拘泥于地形地物，攻击精神未由奋兴。故战术偏重于攻击防御，盖亦因时制宜之法。近自普法日俄[1]两大战役以后环球之耳目一新，攻击之利，昭然若揭。各国兵学家，举凡战略战术，皆极端的主张攻击。苟非兵力较弱，或地势敌情有特别之关系，无复有以防守为计者矣。然战略战术须因时以制宜，审势以求当，未可稍事拘滞。若不揣其本，徒思仿效于人，势将如跛者之竞走，鲜不蹶矣。兵略之取攻势，固也。必须兵力雄厚，士马精炼，军资（军需器械）完善，交通利便，四者均有可恃，乃足以操胜算。四者之中，偶缺其一，贸然以取攻势，是曾公所谓徒先发而不能制人者也。普法战役，法人国境之师，动员颇为迅速，而以兵力未能悉集，军资亦虞缺乏，遂致着着落后，陷于防守之地位。日俄之役，俄军以交通线仅恃一单轨铁道，运输不继，遂屡为优势之日军所制，虽迭经试取攻势，终归无效。以吾国军队现势论，其数则有二十余镇之多，然续备后备之制尚未实行。每镇临战，至多不过得战兵五千。须有兵力三镇以上，方足与他一镇之兵力相抗衡。且一有伤亡，无从补充。是兵力一层，决难如邻邦之雄厚也。今日吾国军队，能否说到精练二字，此稍知军事者自能辨之。他日与强邻一相角逐，能否效一割之用，似又难作侥幸万一之想。至于军资交通两端，更瞠乎人后。如此而曰吾将取战略战术上最有利益之攻势，乌可得耶？鄙意我国数年之内，若与他邦以兵戎相见，与其为孤注一掷之举，不如采

---

① 日俄战争：1904—1905年间，日本和沙皇俄国为了侵占中国东北和朝鲜，争夺远东地区霸权，在中国东北进行的一场帝国主义战争。外国列强争夺权益，把战场摆在中国土地上，这是中国人的奇耻大辱。日俄战争基本以日本胜利告终。俄国被迫把南满铁路、旅顺和大连租借权转让给日本，还割让其库页岛南部，日本取得了对朝鲜的殖民特权。

用波亚战术[①]，据险以守，节节为防，以全军而老敌师为主，俟其深入无继，乃一举而歼除之。昔俄人之蹴拿破仑[②]于境外，使之一蹶不振，可借鉴也。

（以上松坡评语）

拿破仑越过圣伯尔拿山隘 （法）大卫 作

① 波亚战术：指波亚战争（又译作布尔战争，1899—1902）中，波亚人（又译作布尔人）为对抗英国殖民者所采用的一种战术。

② 拿破仑：指拿破仑·波拿巴（1769—1821），法兰西帝国缔造者，卓越的军事家，野心勃勃的政治家，他叱咤风云二十余年，多次打垮欧洲各个封建君主国组织的“反法同盟”，保卫了法国资产阶级的成果，削弱了欧洲大陆的封建势力，唤醒了沉睡中的欧洲人。他颁布的《拿破仑法典》，是举世闻名、影响深远的民法典。兵败滑铁卢之后，拿破仑被再次流放并死在了圣赫勒拿岛。

第十三章　治　心

1. 治心治身，理不必太多，知不可太杂，切身日夕用得着的，有过一两句，所谓守约也。

2. 凡沉疴在身，而人力可以自为主持者，约有二端：一曰以志帅气，一曰以静制动。人之疲惫不振，由于气弱。而志之强者，气亦为之稍变。如贪早睡，则强起以兴之；无聊赖，则端坐以凝之。此以志帅气之说也。久病虚怯，则时时有一畏死之见憧扰于胸中，即梦魂亦不甚安恬。须将生前之名，身后之事，与一切妄念，扫除净尽，自然有一种恬淡意味，而寂定之余，真阳自生。此以静制动之法也。

3. 外境之迕，未可滞滤，置而遣之，终履夷涂。

4. 心欲其定，气欲其定，神欲其定，体欲其定。

5. 古之成大事者，规模远大与综理密微，二者缺一不可。

6. 兄自问近年得力，惟有悔字诀。兄昔年自负本领甚大，可屈可伸，可行可藏，又每见人家不是。自从丁巳戊午大悔大悟之后，乃知自己全无本领，凡事都见得人家有几分是处。故自戊午至今九载，与四十岁以前，迥不相同。大约以能立能达为体，以不怨不尤为用。立者发奋自强，站得住也；达者办事圆融，行得通也。

7. 不为圣贤，便为禽兽。莫问收获，但问耕耘。

8. 古人办事，掣肘之处，拂逆之端，世世有之，人人不免。恶其拂逆，而必欲顺从，设法以诛锄异己者，权奸之行径也。听其拂逆，而动心忍性，委曲求全，且以无敌国外患而亡为虑者，圣贤之用心也。借人之拂逆，以磨砺我之德性，其庶几乎！

9. 与胡中丞[1]商江南军事，胡言凡事皆须精神贯注，心有二用则必不能有成。余亦言军事不日进则日退，二人互许为知言。

10. 研几工夫最要紧。颜子[2]之有不善，未尝不知，是研几也。周子[3]曰：几善恶。中庸曰：潜虽伏矣，亦孔之昭。刘念台[4]曰：卜动念以知几，皆谓此也。失此不察，则心放而难收矣。

11. 诵养气章，似有所会，愿终身私淑孟子[5]，虽造次颠沛，皆有孟夫子在前，须臾不离，或到死之日，可以仰希万一。

12. 神明则如日之升，身体则如鼎之镇，此二语可守者也。惟心到静极时，所谓未发之中，寂然不动之体，毕竟未体验出真境意来者，只是闭藏之极，逗出一点生意来，如冬至一阳初动时乎。贞之固也，乃所以为元也；蛰之坏也，乃所以为启也；谷之坚实也，乃所以为始播之种子也。然则不可以为种子者，不可谓之坚实之谷也。此中无满腔生意，若万物皆资始于我心者，不可谓之至静之境也。然则静极生阳，盖一点生物之仁心也，息息静

---

① 胡中丞：即胡林翼。清时俗称巡抚为中丞。

② 颜子：即颜回，字子渊，孔子的得意门生，人很聪明乖巧，能够闻一知十。

③ 周子：即周敦颐，宋道州（今湖南道县）人，自号濂溪先生，宋代理学开山鼻祖。他的哲学著作很多，流传下来的主要有《太极图说》、《通书》。其最著名的作品是《爱莲说》。

④ 刘念台：即刘宗周，字起东，号念台，历任明朝礼部主事、光禄寺丞、太仆少卿等职，曾经大胆弹劾宦官魏忠贤。明朝灭亡后，他誓死不做清朝异族顺民，效法伯夷、叔齐，不食清粟，绝食而死。

⑤ 孟子（前 372—前 289）：名轲，字子舆，战国时期邹国人。相传幼年丧父，他的母亲很贤惠，为盼他日后成才，竟三迁居家才找到一个读书人做邻居。他晚年回乡与学生“述仲尼之意，作《孟子》七章”，继承和发展了孔子学说，成为儒家第二大宗师，后世尊其为“亚圣”。

极，仁心之不息，其参天两地之至诚乎。颜子三月不违，亦可谓洗心退藏，极静中之真乐者矣。

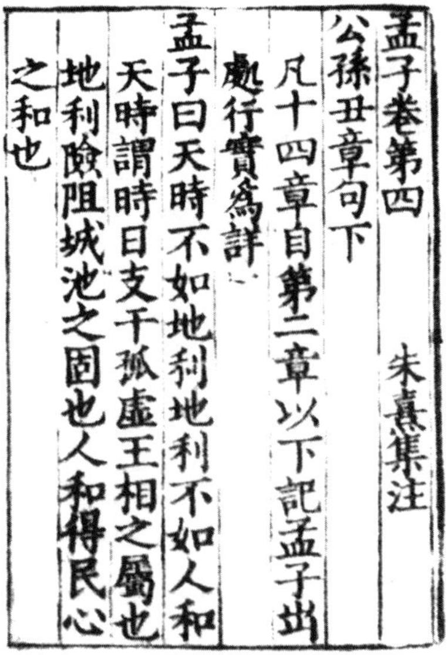
孟子卷第四　朱熹集注
公孫丑章句下
凡十四章自第二章以下記孟子出處行實爲詳
孟子曰天時不如地利地利不如人和
天時謂時日支干孤虛王相之屬也地利險阻城池之固也人和得民心之和也

《孟子》书影

13. 我辈求静，欲异乎禅氏入定，冥然罔觉之旨，其必验之此心，有所谓一阳初动，万物资始者，庶可谓之静极，可谓未发之中寂然不动之体也。不然，深闭固拒，心如死灰，自以为静，而生理或几乎息矣，况乎其不能静也？有或扰之，不且憧憧往来乎？深观道体，盖阴先于阳信矣，然非实由体验得来，终掠影之谈也。

14. 自戒惧而约之，以至于至静之中，虽少偏倚，而其守不失，则极其中而天地位，此绵绵者，由动以之静也。自谨独而精之，以至于应物之处，无少差谬，而无适不然，则极其和而万物育，此穆穆者，由静以之动也。

15. 天行健，君子以自强不息；地势坤，君子以厚德载物。

颐，君子以慎言语，节饮食；损，君子以惩忿窒欲；益，君子以见善则迁，有过则改；鼎，君子以正位凝命。此六卦之大象，最切于人。颐以养身养德，鼎以养心养肾，尤为切要。

16. 读书之道，朝闻道而夕死，殊不易易。闻道者必真知而笃信之，吾辈自己不能自信，心中已无把握，焉能闻道。

17. 余生平略述先儒之书，见圣贤教人修身，千言万语，而要以不忮不求为重。忮者，嫉贤害能，妒功争宠，所谓怠者不能修，忌者畏人修之类也。求者，贪利贪名，怀土怀惠，所谓未得患得，既得患失之类也。忮不常见，每发露于名业相侔势位相埒之人；求不常见，每发露于货财相接，仕进相妨之际。

18. 欲求造福，先去忮心，所谓人能充无欲害人之心，而仁不可胜用也。将欲立品，先去求心，所谓人能充无穿窬之心，而义不可胜用也。忮不去，满怀皆是荆棘；求不去，满腔日即卑污。余于此二者，常加克治，恨尚未能扫除净尽。尔等欲心地干净，宜于此二者，痛下工夫，并愿子孙世世戒之。

附作忮求诗二首录左：

善莫大于恕，德莫凶于妒。妒者妾妇行，琐琐奚比数。己拙忌人能，己塞忌人遇。己若无事功，忌人得成务，己若无党援，忌人得多助。忌位苟相敌，畏逼又相恶。己无好闻望，忌人文名著；己无贤子孙，忌人后嗣裕。争名日夜奔，争利东西骛。但期一身荣，不惜他人污。闻灾或欣幸，闻祸或悦豫，问渠何以然？不自知其故！尔室神来格，高明鬼所顾。天道常好还，嫉人还自误。幽明丛诟忌，乖气相倚伏，重者栽汝躬，轻亦减汝祚。我今告后生，悚然大觉悟。终身让人道，曾不失寸步。终身祝人善，曾不损尺布。消除嫉妒心，普天零甘露，家家获吉祥，我亦无恐怖。（右不忮）

知足天地宽，贪得宇宙隘。岂无过人姿，多欲为患害。在约每思丰，居困常求泰，富求千乘车，贵求万钉带。未得求速赏，既得求勿坏。芬馨比椒兰，磐固方泰岱。求荣不知厌，志亢神愈忲。岁燠有时寒，日明有时晦。时来多善缘，运去生灾怪。诸福不可期，百殃纷来会。片言动招尤，举足便有碍。戚戚抱殷尤，精爽日凋瘵。矫首望八荒，乾坤一何大。安荣无遽欣，患难无遽憝。君看十人中，八九无倚赖。人穷多过我，我穷犹可耐。而况处夷涂，奚事生嗟气？于世少所求，俯仰有余快。俟命堪终古，曾不愿乎外。（右不求）

19. 日课四条：

一曰慎独则心安。自修之道，莫难于养心。心既知有善，知有恶，而不能实用其力，以为善去恶，则谓之自欺。方寸之自欺与否，盖他人所不及知，而己独知之。故《大学》之诚意章，两言慎独。果能好善如好好色，恶恶如恶恶臭，力去人欲以存天理，则《大学》之所谓自慊，《中庸》之所谓戒慎恐惧，皆能切实行之。即曾子之所谓自反而缩，孟子之所谓仰不愧、俯不怍，所谓养心莫善于寡欲，皆不外乎是。故能慎独，则内省不疚，可以对天地，质鬼神，断无行有不慊于心则馁之时。人无一内愧之事，则天君泰然，此心常快足宽平，是人生第一自强之道，第一寻乐之方，守身之先务也。

二曰主敬则身强。敬之一字，孔孟持以教人，春秋士大夫亦常言之。至程、朱[1]则千言万语，不离此旨。内而专静纯一，外

① 程、朱：程指程颢、程颐，朱指朱熹，宋朝著名理学家。理学在古代又称义理之学或道学，创始人是北宋的周敦颐、邵雍和张载三位老先生。后来程颢、程颐等人继续发展，最后朱熹集其大成，形成了一大儒学流派——“程朱理学”，这是后世朝代官方认可的社会主导思想。

而整齐严肃，敬之工夫也。出门如见大宾，使民如承大祭，敬之气象也。修己以安百姓，笃恭而天下平，敬之效验也。程子谓上下一于恭敬，则天地自位，万物自育，气无不和，四灵毕至，聪明睿智，皆由此出，以此事天飨帝，盖谓敬则无美不备也。吾谓敬字切近之效，尤在能固人饥肤之会，筋骸之束。庄敬日强，安肆日偷，皆自然之征应。虽有衰年病躯，一遇坛庙祭献之时，战阵危急之际，亦不觉神为之悚，气为之振，斯足知敬能使人身强矣。若人无众寡，事无大小，一一恭敬，不敢懈慢，则身体之强健，又何疑乎？

三曰求仁则人悦。凡人之生，皆得天地之理以成性，得天地之气以成形。我与民物，尤大本同出一源，若但知私己，而不知仁民爱物，是于大本一源之道，已悖而失之矣。至于尊官厚禄，高居人上，则有拯民溺救民饥之责。读书学古，粗知大义，即有觉后知觉后觉之责。若但知自了，而不知教养庶汇，是于天之所以厚我者，辜负甚大矣。孔门教人，莫大于求仁，而其最切者，莫要于欲立立人、欲达达人数语。立者自立不惧，如富人百物有余，不假外求；达者四达不悖，如贵人登高一呼，群山四应。人孰不欲己立己达，若能推以立人达人，则与物同春矣。后世论求仁者，莫精于张子[①]之《西铭》。彼其视民胞物与，宏济群伦，皆事天者性分当然之事。必如此，乃可谓之人，不如此，则曰悖德，曰贼。诚如其说，则虽尽立天下之人，尽达天下之人，而曾无善劳之足言，人有不悦而归之者乎？

---

① 张子：即张载（1020—1077），字子厚，理学创始人之一。他以“为天地立心，为生民立命，为往圣继绝学，为万世开太平”的气魄，树立起“独立不惧，精一自信”的中国哲学精神，为后世的仁人志士竞相仿效、学习。

四曰习劳则神钦。凡人之情，莫不好逸而恶劳，无论贵贱智愚老少，皆贪逸而惮于劳，古今之所同也。人一日所著之衣，所进之食，与一日所行之事，所用之力相称，则旁人韪之，鬼神许之，以为彼自食其力也。若农夫织妇，终岁勤动，以成数石之粟，数尺之布；而富贵之家，终岁逸乐，不营一业，而食必珍馐，衣必锦绣，酣豢高眠，一呼百诺。此天下最不平之事，鬼神所不许也。其能久乎？古之圣君贤相，若汤①之昧旦丕显，文王②日昃不遑，周公③夜以继日，坐以待旦，盖无时不以勤劳自励。《无逸》一篇，推之于勤则寿考，逸则夭亡，历历不爽。为一身计，则必操习技艺，磨炼筋骨，困知勉行，操心危虑，而后可以增智慧而长才识。为天下计，则必己饥己溺，一夫不获，引为余辜。大禹④之周乘四载，过门不入；墨子⑤之摩顶放踵，以利天下，皆极俭以奉身，而极勤以救民。故荀子⑥好称大禹、墨翟之行，以其勤劳也。军兴以来，每见人有一才一技，能耐艰苦者，无不见用于人，见称

---

① 汤：商朝开国君主，即位后，轻赋薄敛，施行仁政。

② 文王：即周文王，也是古代亲民爱民的一个贤君，据说《周易》便是出自他之手，“文王拘而演周易”。

③ 周公：名旦，周文王的儿子，因为曾在周（今陕西宝鸡东北）活动，人们喊他周公。他因制礼而在史上留名。

④ 大禹：姓姒，也叫夏禹。传说他新婚才四天就离开妻子踏上治水之路，十三年里三过家门而不入。

⑤ 墨子（前468—前376）：名翟，宋国大夫，善守御，为节用，主张非攻，是墨家学派创始人。他的言行辑录在《墨子》一书里面，现存33篇。他以天下为己任，一生东奔西跑，游说列国，宣传他的兼爱思想。

⑥ 荀子：即荀子（约前340—前238），名况，时人尊而号为“卿”，战国末年思想家，著名的儒家学者，法家的创始人。儒家思想到荀子、孟子一辈分派后，纷争不断，很早就暴露出中国知识分子文人相轻的劣根性。荀子的得意门生李斯为秦相后，为确立法家正统地位，酿造了“焚书坑儒”大案。到了汉朝，孟子传人董仲舒又“罢黜百家，独尊儒术”。

于时；其绝无才技，不惯作劳者，皆唾弃于时，饥冻就毙。故勤则寿，逸则夭；勤则有才而见用，逸则无能而见弃；勤则博济斯民，而神祇钦仰，逸则无补于人，而神鬼不歆。是以君子欲为人神所凭依，莫大于习劳也。

（以上曾国藩语，系蒋介石增补）

晚清兵工厂

第三部分　附　文

旷代硕儒曾国藩

肖玉叶

曾国藩,字伯涵,号涤生,1811 年生于湖南省双峰县荷叶镇大坪村。祖父曾玉屏虽少文化,但阅历丰富。父亲曾麟书为塾师秀才,饱读诗书。近代湖南极奉行耕读传家,曾国藩家亦如此,以“富不丢猪,穷不丢书”为丕振家风的法宝。曾国藩 6 岁入塾,8 岁能诵“四书五经”,14 岁已读《周礼》、《史记》、《文选》,21 岁考取秀才,28 岁考中同进士。从此踏入仕途,十年七迁,连升十级,37 岁任礼部侍郎及署兵部、工部、刑部、吏部侍郎等职,官至二品。1852 年回籍奔母丧,奉旨在家乡创办湘军,历尽艰辛为清王朝平定了天下,授光禄大夫、武英殿大学士,封一等勇毅侯,成为文人封武侯第一人,后历任两江总督、直隶总督,官居一品,1872 年 3 月病逝于两江总督督署,追赠太傅,谥文正。

曾国藩,作为中国近代史上引人注目的晚清第一名臣,是一个极富争议的传奇人物。清政府赞他“学有本源,器成远大,忠诚体国,节劲凌霜”。门生故吏颂他德埒诸葛,功迈萧曹,文比韩欧。也有人骂他是镇压农民起义的“刽子手”,是遗臭万年的“汉奸”。正如章太炎先生所言:“誉之则为圣相,谳之则为元凶。”毛泽东青年时代曾说:“愚于近人,独服曾文正。”[1]蒋介石更是奉曾国藩言行为圭臬,“要救国复兴就不可不效法曾胡”。

① 见毛泽东 1917 年 8 月 23 日《致黎锦熙信》。

他审订《曾胡治兵语录》作为黄埔军校教材，并悉心增补。拨开历史的云雾，曾国藩正心、诚意、修身、齐家、治国、平天下，而困而知，而勉而行，勇猛精进，卓绝艰苦，其历百千艰阻而不挫屈的精神无不令后人叹绝！

长城（摄于20世纪初，没过几年清朝就灭亡了）

征剿太平天国，曾国藩其功在此，其毁也在此。像满怀“忠君报国”思想的中国传统士大夫一样，曾国藩一旦受命，他就得义无反顾地担负起挽救清朝统治的重任。回乡丁忧期间，恰逢太平军出广西入湖南，太平天国巨澜横扫湖湘大地。王朝风雨飘摇，清廷大为震惊，令曾国藩会同湖南巡抚张亮基办理团练镇压起义。天国义军起事不到一年就杀出广西，克长沙，取岳州，地方团练无济于事，正规军绿营也不堪一击。曾国藩于是改弦更张，创建湘军。湘军军制以营为单位，以将帅自招的募兵制度取代八旗绿营的世兵制度，兵必自招，将必亲选，兵随将转，兵为将有。用儒家三纲五常的传统礼教武装头脑，用同乡共井的乡土观念维系军心，一支勇猛凶狠的湖湘子弟兵逐渐发展壮大起来，号为乡勇，世称湘军。等湘军羽翼渐丰时，太平军已经攻占南京，并逆流而上，挥师回攻湖南，准备与誓保“主子”的曾胡湘军决一死战。太平军逆江而来，所向披靡，相继占领安徽、湖北诸郡县，九江、安庆等重镇先后陷落，接着又攻下岳州，夺取湘潭。曾国藩整肃军纪，集中兵力反戈一击，终于连克湘潭、岳州、武昌、汉阳；三路合围，取得田家镇大捷，又攻下湖北蕲州、广济。湘军逐渐成为太平军最厉害的对手，曾国藩也成为镇压太平天国起义的中心人物。1860 年 4 月，围攻南京的江南大营全部崩溃，统帅和春、张国梁战死，两江总督何桂清逃命上海。无奈的清政府即命曾国藩为钦差大臣，督办江南军务，实授两江总督，大江南北水陆各军悉归节制。实至名归的曾国藩开始发起全面进攻，在攻下安庆后，湘军逐一清扫了南京周围的太平军据点。1864 年 6 月，南京大会战开始，擅长“扎硬寨，打死仗”的湘军以一当十，7 月 19 日攻陷南京，生擒李秀成。中国历史上最具规模和影响的一场农民起义失败了。曾国藩崛起为“功高盖世”的清廷第一号“中兴名臣”。

封武侯、赠太傅的曾国藩，究其根本还是一介儒生。他创建的湘军，都是遴选知书达理的书生，由他们去招募乡下朴实勇毅的农民组成。明末清初王船山为首的湖湘学子，主张在日用伦常和经邦济事的活动中，察识义理，形成了把心性哲理和经世致用结合起来的湖湘学派。曾国藩从船山理学思想中吸取“明体达用”的实学倾向，治理军队，兴办洋务，尤其在训练湘军征剿太平军中发挥到极致。他一边征战，一边刊刻《船山遗书》，将自己置身书中体会其妙，审时度势，寻求布阵用兵、安邦定国的方法。

他主张躬亲笃行。据说，每次扎营，他都要亲自以罗盘定位，要用竹竿丈量各营挖掘的壕沟，看是不是有一丈五尺深。他把“血诚”作为自己建功立业的根本。“须有一诚字，以之立本立志。”这是他为人处世统军治政的一条重要原则，也是湘军的精神力量，上下精诚团结，协力同心，部将忠心耿耿，士兵舍命护义，不成功则成仁，没有一个背叛他。

他推崇立人达人之道。他认为，自己要步步站得稳，必须要他人也站得稳；要处处行得通，须得他人也要行得通。曾国藩把这种信念用在自己事业中，就是功不己居，名不己出；爱惜部下，奖掖部属。他提出带兵要像父亲、兄长带自己的儿子和小弟一样，冷暖同感，甘苦同受，一心希望自己的士兵（子弟）身体健康，品行端正，立功受奖，显达有成。所以，曾国藩在南北征战中发现人才，保举部将无数。到曾国藩去世时，受其举荐，三品以上大员 50 多名，其中总督 4 人，督抚、堂官 26 名，道、府、州、县官员难以数计。

他事事谨慎，处处谦卑，“常存冰渊惴惴之心”。年轻时曾国藩亦血气方刚，傲气不少，争强好胜。经过十余年风风雨雨，曾国藩性格才有了很大改变。特别是咸丰七年在家守制，潜心读出世之书，昼夜悟入世之道，方深知“长傲、多言二弊”，始有宁静谦退心境。此后的曾国藩终生以“拙诚”、“坚忍”行事，终留世人一个“眼作三角形，常如欲睡”、“行步则极厚重，言语迟缓”的形象。同治元年，他升任两江总督，千里长江水面，迎风招展的全是“曾”字帅旗，作为三四十万人马的湘军统帅，他毫无飞扬跋扈、洋洋自得之态，还多次奏请减少自己的一些职权。攻克南京后，立即裁减湘军，又令胞弟曾国荃解甲归田。“低头一拜屠羊说，万事浮云过太虚。”从波平浪静处安身，永葆“花未全开月未圆”的态势。曾国藩就是这样，“孤灯通夜眼常青”，严谨治学，深谙儒学且力行之，凭理学建树功业，被推许为孔子、朱子以后，再度复兴儒学的圣哲。他著述繁多，有《曾文正公全集》158卷行世。他的思想、精神、治学态度给后人深远影响，且他后世子孙耕读传家，代有名人。

曾国藩像

曾国藩从书生一跃而为战功显赫的“武侯”，堪称人生传奇，同时还有很多好笑的传说。曾国藩患有蛇皮癣，奇痒难愈，睡床上常常一层癣皮癣痂。权倾朝野后，有人说那是身上脱落的“龙甲”，劝他拥军自立，废朝称帝。小时候，他爷爷就认为孙子是蟒蛇精转世，一生只能挂帅封侯。蛇就是蛇，而不是什么“龙种”，曾国藩大斥欺君罔祖的言行。他小气得要命，三十岁时做了一件青缎马褂，只有庆贺和新年时才拿出来穿一下，三十年后衣尚如新。为清王朝立下盖世巨功后，慈禧太后一连三日在养心殿召见。老太婆招手：“爱臣，过来。”曾国藩恭敬道：“回老佛爷，您要我嬲你，我是不敢嬲咧。”曾国藩家乡的双峰土话，拗口难懂，说“靠近”就用一个“嬲”音表示，听得一旁的湘军将领笑岔气。慈禧太后发问：“汝夫人在家做何事？”曾国藩随答：“不瞒太后，在家做些七七八八。”湘语“七七八八”就是乱七八糟的杂事而已。太后迷惑，曾国藩立即机智地解释：“七，即柴、米、油、盐、酱、醋、茶；八，即孝悌、忠信、礼义、廉耻。”太后听了，称赞道：“好个臣夫人啊，大事管那么多，小事管那么细。”

【雅趣链接】

曾国藩对后世政治名人的影响

中国近代从1840年开始，百余年以来，多少英雄人物粉墨登场，但都或多或少受了一些曾国藩的影响。且说李鸿章，对这个聪明的学生，曾国藩是手把手地教导，也手把手地提携，可以说没有曾就没有李。李鸿章之后是袁世凯，李鸿章当然也照老师的那一套行事，甚至临死闭眼前还念念不忘力保袁世凯继任直隶总督。蒋介石对曾国藩可以说是五体投地了，但以为仅靠阳明心学、曾国藩家书就可以得天下、坐天下，未免有点不切实际。

雄才大略胡林翼

肖玉叶

胡林翼是晚清四大“中兴名臣”之一，为湘军二号人物，与曾国藩齐名，时人并称“曾胡”。1812年生于湖南益阳，字贶生，号润之（又作润芝）。胡林翼出身名门，父亲胡达源是嘉庆己卯一甲第三名进士。这名“探花”官至詹事府少詹事，晚年致力于教育，主讲长沙城南书院，与两江总督陶澍私交甚好。陶澍亦饱学之士，为一代名臣，尤好青年才俊，认为“润之之才，他日为国勤劳，将十倍于我”，于是把爱女许配胡林翼。胡林翼24岁中进士，选翰林院庶吉士，旋授编修，充江南副考官，1846年起历署贵州安顺、镇远、思南、黎平知府，以“剿匪”有功，擢贵东道员。1853年秋湖广总督吴文容奏调胡林翼赴鄂协办军务征剿太平军，后授湖北巡抚，从此与曾国藩相依相襄，八年征战，累立战功，1861年9月30日咯血武昌衙署而逝。

曾国藩临终前一年，与幕僚讨论湘军得胜之道时，功推胡林翼第一。胡林翼率领自己训练的600黔勇入鄂不久即授湖北按察使，而此时曾国藩湘军初创，有名无职，湘军作战也败多胜少。胡林翼利用自己手中掌握的兵力粮饷等资源，帮助曾国藩把湘军做大做强，并连打胜仗大振湘军名声。奠定胡林翼湘军地位的，是汉阳、武昌、九江、宝庆、安定五役。而为湘军所做贡献，首在汉阳大捷。此前，吴文容已在鄂东被太平军击毙，武昌失守后，巡抚陶思培被杀，曾国藩也坐船遭焚，险些身亡。胡林翼可谓临危受命，被清廷任为湖北巡抚独当一面与太平军作战。咸丰五年八月，出动水陆两师分攻汉口、汉阳，终于取得了第一次较大胜利。接着，添募兵勇，深掘长濠，以“坐困”之策克武昌，1856年12月获大捷，得赏头品顶戴。1857年11月开始环攻九江，围城16个月后，终于占领战略要地九江，赏太子少保衔。1859年夏转战湖南，挫败围攻宝庆（今邵阳）企图取道湖南威胁湖北后方的石达开，使太平军无暇西顾。“安庆不得，全局不振”。1860年胡林翼拖着病弱之躯，四路东进围攻安庆。此时的胡林翼已是连日呕血，面如死灰。他采取大范围战略包抄之势，终于1861年9月5日攻陷安庆。清廷闻讯大悦，加太子太保衔，给骑都尉世职。然而，就在朝廷谕旨发出的第二天，胡林翼即病死了。

胡林翼文韬武略，有文能定国、武能安邦之才。

他一是富有远见。胡林翼生于官宦之家，又是家中独子，曾经饮酒豪赌、冶游狎邪的衙内习气甚浓。直到他江南乡试案发，父亲去世后，才反躬自省，决意奋发前程。他主动请发贵州，立即署理安顺府知府。贵州乃不毛之地，又多盗匪，官吏视为畏途，有人宁肯丢官也不愿赴任。但胡林翼却认为这正是英雄用武之地。事实证明他的眼光是远大的。正是在贵州搜捕巨盗，绥靖苗乱，锤炼了他的实战本领，使他完成了一个浪荡公子文弱词臣向经世致用实干官员的转变。此后，他奉调入鄂征战太平军，留归湖南后再请赴鄂等等诸事，也无不展示出他的政治远见。因为湖北扼控长江，既是围破天京的后方，又是攻打天京的前沿。据此而守，非立首功，也为臣魁。

他二是富有谋略。胡林翼“胆识绝人，威望素著”，却又“才大心细，为军中万不可少之员”。他一介书生入黔时，地处西南腹地的贵州匪患无穷，民不聊生，官兵都莫可奈何。他仿戚继光

“戚家军”招募当地青壮农民入伍，自练黔勇，并芒鞋短衣亲探匪情，于是连署安顺、镇远、思南、黎平等地，剿匪无数，所任之地都河晏海清。他此后连立赫赫战功，无不得力于他独特的“兵略”。他领兵打仗，主张“用兵不如用民”，“用兵”只能治标，收一时之功，“用民”才是治本，方享长久安定。太平军出广西后，可以说是所向无敌，清廷绿营兵被打得焦头烂额。清王朝把胡林翼调至湖北任巡抚后，他带领湘军连续作战，小胜大捷连连，才扭转了当时清军被动挨打的局面。应该说，他的所有胜利都与他的“用民”兵略有关。胡林翼的用兵之道，其实是他为官之道的必然产物与合理延伸。他认为，“做官”要“安民”、“便民”、“教民”。他是领兵打仗的，算是个军人，但他该“汹汹如军伐”时，果断而不手软；该儒雅谦恭时，“文雅而细致”，温良实干而被时人称为“当代萧何”。他所到之处，不畏艰难，不屈不挠，奖廉惩贪，崇实黜华，抑奢竞，尚廉耻，于是吏治整饬，风气一变。在理财筹饷上，他提倡培本养民，开源取利。“民扰轻，军饷已足”。正是由于胡林翼这“体民”、“抚恤”政策，使得对手太平军“虽从民间来，却很快失去了亲民优势”。于是，一时民心逆转。军旅所行之处，百姓竞为清军“支前”和向导，胜败趋势其实也就不战而明了。

他三是勇武。曾国藩说胡林翼“胜臣十倍”，虽是谦言却又是实话，其意多指勇武而言。湘军善“扎硬寨，打血仗”，就是胡林翼倡导并发扬起来的一种尚武精神。他说：“愈老愈坚（越守得久，越坚固），湘军之本领也。”我们可以看到，他征剿太平天国的五大战役，场场皆胜，都是采取攻坚克难的打围战法。围攻九江，太平军点燃的火药桶如雨而下，城下湘勇如同火人，却仍声震山岳，不绝不弃。围攻安庆时，胡林翼卧病行营，形容枯槁，起坐已不能自主，但他仍以顽强毅力，支撑病躯指挥作战。他以

1.5 万人合围，2 万人打援，1 万人断后，与太平军展开他戎马生涯最后一场“血战”。安庆一役，对湘军最后攻克天京平定天下，作用不可估量。论学问、毅力，胡不及曾，但胡林翼的韧性更足，既勇冠三军，又善苦熬。曾国藩也常常累得吐血，却几次自杀；胡林翼从不轻易言弃，包括身体发肤。若不是胡林翼英年早逝，后来谁更风光还孰难断定呢。

他四是廉正。胡林翼辞家赴任时，谒父墓发誓，不取官中一钱，矢志做一清官，绝不丢祖宗的脸。他一辈子践行自己的诺言，处处为公，安心忠义，无丝毫私念。他署湖北任上，兢兢业业为曾国藩拔饷筹粮，从不贪沾分毫。在腐败的清王朝，能够做一个清官是很不容易的。他捐积廉俸买地营建箴言书院，遗嘱部将“吾死，诸君赙吾，唯修书院，无赡吾家”。

常论以曾左为湘军“双雄”，其实，论律己之严，谋国之忠，修养之高，当推胡林翼。“中兴”四大名臣排位，润之却是屈居尾端。从资历而言，胡林翼在贵州率兵“剿匪”时，曾国藩尚是京曹闲职，左宗棠则隐居山林，彭雪麟也仅一般书吏。从资格来说，曾国藩初以墨绖从戎、左宗棠以师爷身份参佐军务的时候，胡林翼已是封疆大吏，掌管鄂省军政。即使来论贡献，调度长江上下游军事布置，组织前后方物质供应，令湘军声名大震的五次大捷，均由胡林翼或筹划或主持。然而，胡林翼死得太早，见不到三年后攻克天京的辉煌，因此也得不到最高的奖赏。据说，胡早年的作风问题也是影响他日后形象的一大因素。他少年科第，又为当下典型的“官二代”，风光无限，免不了去寻点风流韵事，与翰林院的同事“流连夜店”时，没想到被“纪检会”的干部（坊卒）逮个正着。自清以后，朝廷对官吏狎妓已有科律，并专设风化纠察队明察暗访。胡林翼因此也就斯文扫地，只能自认倒霉了。

陶澍像

【雅趣链接】

放浪少年胡林翼

胡林翼曾经一度吊儿郎当，完全可以用放浪形骸四个字来形容。相传他与当朝大臣陶澍的女儿订婚时，陶夫人态度坚决得很，硬是不肯把女儿嫁给这个不见得会有多大出息的浪荡公子。就连新婚那夜，胡林翼都到外面泡妞去了。婚后，胡林翼到岳父南京两江总督督署家做客。南京秦淮河是个销魂好地方，胡林翼在歌榭灯船流连忘返，乐不思家。督署幕友告知总督，陶澍却说："润之之才，他日为国勤劳，将十倍于我。后此当无暇行乐。此时姑从之，以预偿其日后之劳也。"

剑胆琴心蔡松坡

肖玉叶

邵阳古称宝庆。南宋理宗曾封邵州防御使，登基后即将其年号赐给这个巫风甚炽、民风强悍的当初爵禄封侯之地。这块三塞之地，东屏衡岳，南界越城岭，西当雪峰山，其间两条青幽的河流从高山跌下，齐奔湘中往北去，缠绵于多情的这块红丘陵。古老的邵阳就盘伏在资江、邵水交汇处。为镇妖避邪，古城筑有“月移塔景过江来”的东西二塔，隔江对峙。在“云带钟声穿月去”的东塔旁，立有一“和好亭”，图文镌的就是中国近代著名人物蔡锷的一段故事。碑文曰：“……公名锷，字艮寅，民国初倒袁之首倡，再造共和之功臣。时袁逆世凯窃国称帝，曾委蔡公重任，公拒之，袁即严加监视。京师名姬小凤仙仰其神风，慕其儒雅，侠义相助，掩护蔡公潜出京城。公辗转入滇，竖义帜，陈利兵，各省响应，卒复民国之鸿基。知音红颜遂成佳话。蔡公夫人刘氏素以贤淑闻名闾里，伉俪情深。有好事者以公与凤仙之事告诸夫人，由是情爱少衰。母乃携夫人于斯，披肝沥胆畅叙衷曲，疑虑顿释，和好益笃。”静读铭文，眼前立即浮现一个任侠儒雅之士，在民国初年摇曳弄影，叱咤风云。

蔡锷，原名艮寅，字松坡。父蔡正陵，农民兼做裁缝，母王氏，家世寒微。1882 年 12 月 18 日生于湖南邵阳县小东路亲睦乡蒋家冲蔡家桥头(今邵阳市大祥区蔡锷乡)。近有湖南洞口县小东乡发现“分路碑”，佐证蔡锷诞生于该乡杨湾村大坝上。但蔡锷少儿时期生活在洞口县山门镇，却是不争的事实。山门是雪峰褶皱里的一个小镇，昔日贫寒蔡家寄居的武安宫，斑墙烂瓦，野草萋萋，还在叨述松坡先生荣光背后的艰辛。钟灵毓秀，一代天骄。谁又想到，这个光着脚丫，踯躅小镇青石板路上的瘦弱男孩，日后生命会如此灿烂，虽然倏忽划过苍穹，却照亮世界东亚一角，煌煌然于史册。

中国踔厉风发的军人中，智勇双全而又知晓大义的不多，宋有岳飞，明有郑成功，清有左宗棠，清末民初恐怕要数蔡锷了。天意决定这个邵阳小伙，要为日出东方的醒狮，写一章大气磅礴的诗篇。严复，中国近代伟大的启蒙思想家，在根深蒂固的封建势力和百日维新惨败现实的双重挤兑下，终于缩进孔孟之道的故纸堆，一步步放弃了激情昂扬的改良思想。而他留学英国海军大学的同窗伊藤博文，却连任首相，率领这个明治维新成功后迅速强大起来的弹丸岛国累向中国发难。中日甲午海战的隆隆炮声，惊醒了埋首四书五经的少年蔡艮寅，丧权辱国的条约锥心刺痛。长歌当哭！1898 年，就在百日维新失败，恩师谭嗣同等“六君子”抛尸京门的这一年，16 岁的蔡艮寅一改旧名，以“锷”励志。他说，“锷，剑刃也。《庄子・说剑》云：‘天子之剑，以燕奚石城为锋，齐岱为锷。’共和之剑，将以宪政为锋，民军为锷也”。他决意要学家乡前辈魏源睁眼看世界，他要以军人之躯报效祖国。在长沙时务学堂，总教习梁启超对他赏识有加，师徒间建立了历久弥坚、终生不渝的感情。梁师笑劝：“汝以文弱书生，似难担当军事之重任。”蔡锷言之铿锵：“不做一个成功军人，就不算是您的门生。”

他东渡扶桑，精研军略，与蒋百里、张孝准同为留日学生中的骄子，号称“士官三杰”。这个“海龟”回国后，各方竞相争聘，先后在江西、湖南、广西、云南担任军职训练新军，一时声名大噪，桃李芳菲。我们耳熟能详的名将朱德、李宗仁、白崇禧、李品仙等，即是他的得意弟子。1906 年，清廷在河南举行新军秋操演习，作为军界新锐，松坡奉令观操，并充任中央评判官。在这里，他和袁世凯第一次见面，开始了两人间的恩怨情仇。当时，袁世凯仅那么一瞄，目光就被这个俊秀且略显文弱的年轻军人抓住了。他的飒爽英气是那么的逼人啊！1911 年 10 月 30 日夜，昆明“重九”起义成功，29 岁的松坡被推举为云南都督。1912 年元旦，民国建立。次年 10 月，蔡锷奉调进京，在中央政府担任多项领导职务。他一心支持辅助袁世凯，厉行统一和建设。1915 年，袁世凯利令智昏，帝制野心渐露，松坡看穿此公伎俩。12 月 12 日，袁登基称帝。蔡锷摆脱监视，历尽艰辛，间关万里抵达昆明，提数千孤旅奋起护国，为四万万国民争人格。少负大志的蔡松坡，恍若独立孤山苍茫中的游侠，他要以拔剑而起，挽救苍生为己任，他要行人间正道。12 月 19 日，蔡锷、唐继尧、李烈钧，护国三杰，聚首昆明，拉开了护国讨袁、再造共和的序幕。松坡斥袁乃背叛祸国之罪人！他登高一呼，万民响应。袁世凯最后在自己 83 天的帝制梦中再也醒不了起不来了。松坡用他那小心谨慎的手，拯救了共和。蔡锷传奇的一生，正如伟大的革命先行者孙中山为他写的挽联那样——平生慷慨班都护，万里间关马伏波。

袁世凯像

与赳赳武夫不同的是，蔡锷有思想，有主义，举凡政治体制、宪政研究、军事教育、治军思想乃至歌吟唱和，他都能露上一手。

尤为可贵的是，他主张和笃行军人的“不党主义”。军队就是护国佑民，军人要做国家利益至上的真诚爱国者。美国西点军校认为他是中国第一个，也是中国迄今唯一真正的职业军人。他胸有万壑，却又能行之一端。1913 年，他进京任职，云南都督的遗缺让属下谢汝翼、李鸿祥跃跃欲试。蔡锷知人甚深，力举时任贵州都督的唐继尧回滇继任，为自己日后发动和领导护国运动布下精妙的棋子和伏笔。他智深勇沉，劲气内敛的睿智更体现在出逃京城一幕。当时，打算黄袍加身的袁世凯，怕着他，防着他，盯着他。蔡锷虚与委蛇，不动声色。他纵情声色迷惑袁，佯装赴日治病摆脱袁。终于克服无数险阻，逃至昆明，冒死犯难，掀开中华历史光辉一页。独行长剑一杯酒，孤剑无语泪沾巾。当时，将剑作心的蔡锷为麻痹袁氏爪牙，一头扎进八大胡同云吉班，与一代名妓小凤仙引出风流逸事，闹得满城风雨，夫妻反目。深知儿意的蔡母乃携媳回湘，详叙衷曲。如此才有本文开头“和好亭”一事。护国功成，蔡锷赴日疗疾病逝福冈，小凤仙扶琴琴自弦断。“不幸周郎竟短命，早知李靖是英雄。”一代英豪在剑挑昏沉暗夜的前夕，写下千古风流。广陵止息，嵇康绝响。剑韵是那么悦耳，琴声是那么幽怨，让生活在另一时空的我们，获得了与一颗伟大灵魂更好对话的机缘……

小凤仙

蔡锷将军墓（肖玉叶 摄）

【雅趣链接】

传奇女子小凤仙

小凤仙原是满人后裔，父亲是没落的八旗武官。十三四岁时，父亲故去，良心被狗吃了的后母以80两银子将小凤仙卖为婢女。小凤仙没几年工夫就出落成漂亮姑娘，遭主人凌辱后，又被卖给上海清和坊和北平陕西巷云吉班为妓。

民国初年，被袁世凯召至京城任职的蔡锷到云吉班散心，一眼看中小凤仙。于是夜夜笙歌，还大兴土木为小凤仙建屋造堂，每天过着醇酒美人的逍遥日子。迷惑住袁世凯后，蔡锷逃至日本，经香港，绕越南，回云南组织义军护国讨袁。

由于带病操劳，蔡锷终因病入膏肓在日本福冈逝世。蔡锷灵柩运回上海，小凤仙托人寄来两副挽联："不幸周郎竟短命，早知李靖是英雄。""九万里南天鹏翼，直上扶摇，怜他忧患余生，萍水姻缘成一梦；十八载北地胭脂，自悲沦落，赢得英雄知己，桃花颜色亦千秋。"北京官方在中央公园公祭蔡锷时，小凤仙身穿蓝布大褂前往致哀。

此后，小凤仙从八大胡同消失，隐姓埋名，无影无踪。近来，有人对她的行迹进行了考证，据说小凤仙离开八大胡同后，先嫁给东北军一位师长，后改嫁给一陈姓厨师，住在沈阳市皇姑区寿泉街三胡同的一座平房里，邻居们称她"陈娘"，衣衫破旧但穿戴干净，依稀可见当年沉鱼落雁的姿容。1948 年沈阳解放，已 48 岁的小凤仙先是进一家被服厂做工，后到东北人民政府统计局一位叫张建中的人家做保姆。梅兰芳剧团来沈阳演出，小凤仙到省交际处会见故人。正当友人思考着为小凤仙做些什么时，小凤仙再一次消失了。